Eva Zoller Morf

Philosophische Reise

W0105189

HERDER spektrum

Band 4871

Das Buch

„Haben Engel auch Ferien?" „Wo fängt der Himmel eigentlich an?" „Was ist ein Stein", „was sind Anfänge, und was bedeuten sie", „was bedeutet es, Mensch zu sein", „Was ist Tod" … Wer weiß schon Antworten auf diese Fragen, die Kinder stellen. Und doch sollte man ihnen nicht ausweichen. Philosophieren – das heißt: Fragen ernst nehmen und so lange bei ihnen zu verbleiben, bis sich auch neue Erkenntnisse ergeben: Spätestens seit „Sofies Welt" ist deutlich, das dieses Thema auch Kinder angeht. Und in der Tat: Wer sich mit Kindern auf eine philosophische Reise begibt, kann auch für sich selbst viel Neues erfahren. Eva Zoller Morf führt behutsam ein in kindgemäße Techniken des Philosophierens: Staunen, Zweifeln, Wahrnehmen, Entdecken, Fühlen, Phantasieren, Hinterfragen, Klären von Begriffen, Begründen, Unterscheiden, Bilden einer eigenen Meinung. Ihre Anregungen schärfen den Sinn für den spielerischen Umgang mit Gedanken und Worten. Nach ihrem Erfolgstitel „Die kleinen Philosophen" richtet sie sich nun an Eltern und Erziehende von Kindern im Alter von neun bis dreizehn Jahren. Es ist eine Einladung, die Welt mit offenen Augen zu sehen, von einem Detail ausgehend, einem Gegenstand, einem Gedanken, Zusammenhänge zu erkennen und im Gespräch ganz neu zu erschließen. Mit vielen Beispielen, Informationen zu den wichtigsten Philosophen und praktischen Anregungen, um ins Gespräch zu kommen.

Die Autorin

Eva Zoller Morf, geb. 1947, arbeitete zunächst als Grundschullehrerin und studierte dann Philosophie, Pädagogik und Religionswissenschaften in Basel. Mit ihrer Lizentiatsarbeit über das Philosophieren mit Kindern schloß sie dort 1987 ihr Studium ab. Sie leitet das s'Käuzli (Schweizerische Dokumentationsstelle für Kinder- und Alltagsphilosophie in Altikon bei Zürich) und bietet auch Kurse für Eltern und Lehrer an. Bei Herder Spektrum. Die kleinen Philosophen (Band 4344).

Eva Zoller Morf

Philosophische Reise

Unterwegs mit Kindern auf der Suche
nach Lebensfreude und Sinn

Herder
Freiburg · Basel · Wien

Zur »Philosophischen Reise« haben wieder
viele »kleine – inzwischen größer gewordene –
PhilosophInnen« ihre Gedanken in Wort
und Bild beigetragen:
Rahel und Valentin, Roman und Robin, Martina
und Michèle, Dimitri und Alexander, Michael, Nadja,
Charly, Gaby und Andreas und viele »meiner«
Schulkinder aus Altikon…
Ihnen und allen KollegInnen und Eltern, die seit Jahren
»philosophische Ausflüge« mit ihren Kindern unter-
nehmen und mir manchmal davon berichten, ein ganz
herzliches Dankeschön!

Gedruckt auf umweltfreundlichem,
chlorfrei gebleichtem Papier

Alle Rechte vorbehalten – Printed in Germany
Autorisierte Lizenzausgabe des im verlag pro juventute,
Zürich, erschienenen Originaltitels,
© 1998 verlag pro juventute, Zürich
© Verlag Herder Freiburg im Breisgau 2000
Satz: DTP-Studio Helmut Quilitz, Denzlingen
Druck und Bindung: Freiburger Graphische Betriebe 2000
Umschlaggestaltung und Konzeption:
R · M · E München / Roland Eschlbeck, Liana Tuchel
Umschlagfoto: © Hartmut W. Schmidt – Fotografie, Freiburg
ISBN 3-451-04871-X

INHALT

3. MENSCH SEIN? MENSCH WERDEN!

4. WAS IST, WENN MAN TOT IST?

5. DER KREIS RUNDET SICH

NACHWORT

VORWORT

Mit Kindern philosophieren?

»Ich glaube, das haben wir mit unseren Kindern auch schon gemacht«, so berichten mir immer wieder Menschen, denen ich im Rahmen meiner Kinderphilosophie-Kurse begegne. Wozu dann also nochmals ein Buch zu diesem Thema, das ich vor etwa zehn Jahren zum ersten Mal angetroffen und vor fünf Jahren in meinem Erstling *Die kleinen Philosophen* beschrieben habe? Ganz einfach: Kleine Philosophen werden größer, und aus fragenden Kindergartenkindern sind inzwischen vielleicht nachdenkliche Schülerinnen und Schüler geworden. Die großen Rätsel des Lebens aber bleiben mit all ihrer Faszination bestehen, und wer einmal von diesem Staunen über unser Dasein im Innersten berührt worden ist, wird die Fragezeichen wohl ein Leben lang nicht mehr beiseite schieben können.

Wie schön, wenn viele Kinder schon spannende, suchende und entdeckende Gespräche mit ihren Eltern oder schulischen Begleitpersonen geführt haben! Wie schade andererseits aber, wenn sich solche Gespräche mehr zufällig mal gerade eben ergeben! Wir reden zwar über vieles und diskutieren über alles mögliche – auch mit Kindern –, aber wenn wir unsere Gesprächsthemen einmal unter die Lupe nehmen, werden wir vermutlich feststellen, daß es sich meistens um praktische Fragen des Alltags handelt, um Lösungen von Konflikten vielleicht auch oder um Schulleistungen und Freizeit- wünsche... Philosophische Gespräche dagegen drehen sich um andere Fragen: Wie sollen wir Mensch sein in dieser für viele schwierig gewordenen Welt, in diesem unüberschaubar großen Ganzen, zu dem wir als winziges Teilchen gehören? Wie können wir Lebensfreude und Sinn finden angesichts der Tatsache, daß wir alle einmal sterben werden?

»Für mich bedeutet philosophieren, an einem Fluß zu sitzen und ihm zuzusehen, wie er vorbeifließt, und dadurch mehr von ihm zu erfassen...« Diese Vorstellung einer Kindergärtnerin über das Wesentliche beim Philosophieren gefällt mir sehr gut: Das Bild zeigt uns, wie wir als Philosophierende ab und zu ein wenig Abstand nehmen können, um im Lebensfluß nicht nur zu schwimmen oder gar unterzutauchen. Wenn wir uns etwas Muße und Beschaulichkeit gönnen, gewinnen wir dem Geschehen vielleicht auch Sinn und Bedeutung ab.

Damit es für solche Gespräche nicht bei den gelegentlichen glücklichen Zufällen bleibt, lade ich Sie und Ihre Kinder durch mein zweites Buch ein zu einer gemeinsamen philosophischen Reise. Sie beginnt direkt vor unseren Füßen, beim ganz Alltäglichen und Unscheinbaren. Wo sie uns hinführt? Wir wollen sehen...

Eva Zoller Morf

EINLEITUNG

Philosophieren im Alltag – für den Alltag

Philosophieren beginnt mit dem Staunen, sagten die alten Griechen. Es fängt damit an, daß wir eines Tages vor etwas ganz Alltäglichem verblüfft innehalten, weil es uns plötzlich gar nicht mehr so selbstverständlich vorkommt wie eben noch. Vor einem Wort zum Beispiel: »Ist eine Weiche weich?« wundert sich ein Fünfjähriger beim Eisenbahnspielen. »Warum heißt sie denn eigentlich so?« Oder vor einer vermeintlichen Wahrnehmung: »Ich sah als erstes, daß du nicht da warst«, sagt Sofie im philosophischen Jugendroman *Sofies Welt* (von JOSTEIN GAARDER, Hanser Verlag 1991) zu ihrem Lehrmeister Alberto, mit dem sie im Café verabredet war. »Wie kannst du etwas sehen, das *nicht* da ist?« fragt Alberto darauf zurück. Vielleicht stehen wir aber auch wieder einmal staunend unter einem herrlichen Sternenhimmel und wundern uns zum x-ten Male, daß dieser Raum, in den wir da hinausblicken, nie und nirgends enden soll.

Das Staunen, das den meisten Kindern viel öfter passiert als uns abgeklärten Erwachsenen, setzt etwas in Gang. Mit ihm *beginnt* das Philosophieren, jetzt kann es losgehen. Doch nun braucht es »Werkzeuge«, um aus dem Staunen ins Philosophieren zu kommen, ins gründliche, tiefschürfende Nachdenken, dessen Gewinn eine neue Erkenntnis, ein besseres Verständnis sein kann.

Eine andere Wurzel des Philosophierens ist der Zweifel, wie ihn RENÉ DESCARTES (1596–1650) zur Methode erhob. »Wie kann ich sicher sein, daß ich nicht alles nur

11

träume?« überlegt sich eine Elfjährige, die soeben einen Herzenswunsch in Erfüllung gehen sieht. Ja, wie können wir überhaupt so sicher sein, daß die Welt wirklich so *ist*, wie sie uns *erscheint*? Haben wir uns nicht alle schon oft getäuscht? Angesichts der virtuellen Realitäten, der Spielfilme oder Dokumentaraufnahmen, die uns von den Bildschirmen entgegenflimmern, wird die Frage immer brennender, was wir überhaupt noch mit Sicherheit als Wirklichkeit erkennen können. Philosophieren bedeutet, immer wieder die Sicherheit des Wissens anzuzweifeln und zu verstehen, daß hinter vermeintlichen Tatsachen sich oft eine zweite, eine dritte, eine andere Wahrheit finden läßt. Doch auch das Zweifeln reicht noch nicht, denn mit dem Philosophieren wollen wir ja weiterkommen. Wir möchten Antworten finden auf unsere Fragen und treffen doch immer auf neue, auf noch mehr Fragen! Wo soll das enden?

Würde es mit einer eindeutigen, absolut gültigen, klaren Antwort enden, dann hätten wir es vermutlich nicht mit einer wirklich philosophischen Frage zu tun gehabt! Das ist ja gerade das Faszinierende daran, daß sich der Fragehorizont immer weiter dehnt. In einem guten philosophischen Gespräch werden stets neue Aspekte einer Sache sichtbar, so daß uns die unglaubliche Vielfältigkeit und Komplexität unseres Daseins bewußter wird. Wenn uns am (immer nur vorläufigen) Ende eines solchen Gesprächs ein bißchen mehr Klarheit aufscheint, dann könnten wir von einer »Erhellung« (KARL JASPERS, 1883–1969) als Ziel des Philosophierens sprechen.

> Staunen und Zweifeln als Anfang, Erhellung, mehr Klarheit am Ende. Und was liegt dazwischen?

Was ein philosophisches Gespräch von einer alltäglichen Diskussion am auffälligsten unterscheidet, ist seine Beharrlichkeit in der Ergründung einer bewegenden Frage oder Idee. Während wir bei einer unterhaltenden Konversation nach Lust und Laune von Thema zu Thema hüpfen können, versuchen wir beim Philosophieren, uns einer gestellten Frage so lange zuzuwenden, bis wir einen Schritt über den bloßen Gedankenaustausch hinausgekommen sind. Im gelungenen Fall entsteht genau dort die neue Erkenntnis, wo wir uns mit Aspekten und Ansichten auseinandersetzen, die wir bisher so noch nicht gedacht hatten. Dies verlangt Offenheit für die Meinungen anderer sowie die Bereitschaft, auch Eigenes zu hinterfragen und mit neuen Ideen in Beziehung zu setzen. In einem wirklichen *Dialog* wird nicht nur abwechselnd gesprochen, sondern auch intensiv zugehört, an Argumente angeknüpft, abgewogen, vermutet, begründet, weitergefragt, einbezogen oder vielleicht auch verworfen und widersprochen.

> Philosophieren heißt, bei einer Frage so lange zu verharren, bis sie uns neue Erkenntnisse preisgibt.

Zum Anliegen dieses Buches

Worauf Sie während eines philosophischen Gespräches im Freundeskreis, mit Kindern zu Hause oder auch in Schulklassen achten sollten, möchte ich Ihnen mit diesem Buch an Beispielen zeigen.

Jedes Kapitel beginnt mit einigen eigenen Gedanken, die ich mir schon ab und zu über die betreffenden Themen gemacht habe, zum Beispiel während meiner Vorbereitungen auf die Arbeit in Erwachsenengruppen oder in der Schule, wo ich gelegentlich einzelne Stunden erteile. Es folgen sodann Anregungen und Ideen für Gespräche, die sich auch mit Kindern durchspielen lassen, schwerpunktmäßig mit etwa Neun- bis Dreizehnjährigen. Wenn Sie es vorderhand noch hauptsächlich mit jüngeren Kindern zu tun haben, finden Sie hier zwar auch einige Beispiele dazu. Ausführlichere Anleitungen für Gespräche mit kleineren Kindern aber erhalten Sie in der Neuauflage von *Die kleinen Philosophen* (verlag pro juventute 1996). Da es sich bei philosophischen Themen um solche handelt, die uns alle grundsätzlich in unserem Menschsein irgendwie berühren, sollten Sie allerdings nicht zögern, die Altersangaben großzügig zu handhaben. Mit kleineren Kindern werden wir einfach mehr im konkreten, sinnlich erfahrbaren Bereich diskutieren, je älter aber die Kinder, desto eher können wir mit ihnen ins Abstrakte, ins Allgemeine vorstoßen. Es ist hauptsächlich das methodische Vorgehen, das sich beim Philosophieren mit Kindern je nach Altersgruppe verändert. Die grundsätzliche Haltung der Offenheit und Ernsthaftigkeit gegenüber den angesprochenen Themen, aber auch gegenüber allen am Gespräch Teilnehmenden bleibt unabhängig von deren Alter bestehen. Kinder haben zwar noch weniger Zeit gehabt als wir, unsere Welt kennenzulernen, und auch ihr Sprachschatz wird nicht immer dem unsrigen ebenbürtig sein, dafür übertreffen sie uns nicht selten an Originalität der Überlegungen und überraschen uns mit kreativen Lösungsansätzen, die wir dankbar würdigen sollten.

> Philosophieren mit Kindern verlangt von Erwachsenen, Kinder in ihrem Denken und Phantasieren als gleichwertige PartnerInnen wahrzunehmen.

Jedes Kapitel enthält auch Erfahrungen aus der (Schul-) Praxis von KollegInnen oder mir selbst, die Ihnen zeigen, wie Kinder – wenn man sie behutsam anleitet – mit philosophischen Fragen umgehen. Über den theoretischen Hintergrund der Kinderphilosophie finden Sie Angaben in den eingestreuten Exkursen und Kästchen: zu Philosophen, zu Religion und Wissenschaft, zu Psychologie und Pädagogik. Ergänzende Bücherhinweise zum behandelten Bereich runden die Kapitel jeweils ab.

Und nun lassen Sie sich mitnehmen auf einen philosophischen Gang durch einige nicht ganz zufällig ausgewählte Themen des Nachdenkens!

1. Kapitel

NUR EIN STEIN?

»Hab im Bach einen Stein gefunden.«
»Wo ist er? Zeig!«
»Wozu? Ein hundsgewöhnlicher Stein.«

»Glaub ich nicht, schweig!
Wie er auch aussehen mag –
wenn er zu dir gehört,
muß es ein besonderer sein.«

Philosophieren – Wie macht man das?

Das hübsche Gedicht oben mit dem Titel »Zwiegespräch« entdeckte ich in einem Büchlein des Sprachkünstlers HANS MANZ: *Mit Wörtern fliegen – Neues Sprachbuch für Kinder und Neugierige* (Beltz Verlag 1995).

Sogleich sah ich mich selbst durch ein Bachbett schlendern. Ich kann mich an den Formen und Mustern der feingeschliffenen Steine gar nicht satt sehen. Nein, nicht nur als Kind erging es mir so, selbst heute noch kann ich mich der Faszination der Steine nicht entziehen.

Da gibt es fast kugelrunde oder perfekt eiförmige, die genau in meine Hand passen und sich irgendwie weich anfühlen. Ja, weich! Seltsam. Steine sollten doch hart sein, oder?

Andere sind ganz flach und geben mir Gelegenheit, sie wie damals an dem See, wo ich aufgewachsen bin, über die glitzernde Oberfläche tanzen zu lassen. Wie viele Male werde ich sie hüpfen lassen können? Fliegende

Steine? Wie soll so etwas Schweres fliegen können? Ein Stein ist doch kein Vogel!

Und dann die Muster, die Farben! Wie kommt bloß ein dunkelgrüner Einzelgänger in die pastellene Vielfalt der Kiesel hier? – Die hat der Fluß mitgebracht. – Woher? Und weshalb nur gerade *einen* von dieser Sorte? Wo kommen überhaupt all die vielen Steine her? Waren sie einmal alle zusammen ein Stück Felswand, das in den Fluß gebröckelt ist, irgendwo in den Bergen oben? Dann sind es sozusagen Felsenkinder und gar keine Steine. Oder ist Fels und Stein etwa dasselbe? Aber warum gibt es dann beide Wörter?

Jetzt halte ich einen mit einem durchgehenden ringförmigen Streifen in der Hand. Ein Wunschstein! Dies jedenfalls hat mir eine Freundin mal verraten: Für jeden Ring in einem Stein habe man einen Wunsch frei. Wenn das wahr wäre? Was soll ich mir bloß wünschen? Mit dem Wünschen ist das so eine Sache! Wie leicht kann man sich dabei vertun und etwas ganz anderes bewirken, als man eigentlich wollte…

Vielleicht wünsche ich mir einen Edelstein. Hoppla! Schon wieder »Stein«! Aber der sieht doch nun wirklich völlig anders aus als diese Kiesel hier im Bach! Und gestern haben wir Mühle gespielt. Dazu brauchten wir Spielsteine. Aber die waren aus Holz, also eigentlich »Spielhölzer«. Und die Mühlen haben auch gar nicht gemahlen, jedoch angemalt waren die Steine (die eigentlich gar keine waren!): weiß und schwarz. Angemalte Steine? Ist der dunkelgrüne hier etwa auch nur angemalt?

So viele verschiedene Steine!
Aber: Was ist denn nun eigentlich ein Stein?

Ein Stein ist etwas Hartes (und wie ist das mit dem Sandstein oder dem Speckstein?), etwas Schweres. (Haben Sie schon einmal einen Tuffstein gehoben? Federleicht!) Ein Stein besteht aus Mineralien? aus anorganischem Stoff? aus »toter Materie«? Er wird nicht geboren und wächst nicht. (Und wie entstehen die Kristalle? Oder der lästige Zahnstein?) Ein Stein kann auch nicht sterben, nur zerfallen zu Sand oder Staub. (Tun wir das nicht auch nach unserem Tod?) Er lebt also gar nicht. (Da gehen die Meinungen aber auseinander!) Er ißt nicht und gebiert auch keine Jungen. (Außer vielleicht die »Felsenkinder«?)

Was immer ich als Definitionsversuch unternehme, es fallen mir Vorbehalte dazu ein.

Dann ist also ein Stein für jeden Menschen etwas
anderes? Wenn es doch nur so einfach wäre!
Aber schließlich benutzen wir ja alle das Wort
ziemlich häufig, und wenn wir das tun, dann gehen
wir ganz selbstverständlich davon aus, daß andere
verstehen, wovon wir sprechen.
Tun sie das wirklich?

Weiß ich denn nun, was ein Stein ist? Woher weiß ich, was ich über ihn zu wissen glaube? Sicher hat man mir, als ich noch ein Kind war, bei vielen Gelegenheiten gesagt: Schau, das ist ein Stein... oder: Das ist aus Stein. Ich finde es dennoch sehr erstaunlich, daß ich heute jeden Gegenstand, der im allgemeinen als Stein bezeichnet wird, als solchen erkennen kann, auch wenn ich das betreffende Ding noch nie im Leben gesehen habe. Wann immer mir etwas (relativ) Hartes, (relativ) Schweres, nicht Lebendiges (kann man hierzu auch »relativ« setzen…?) begegnet, nenne ich es »Stein«. Allerdings habe ich auch keine Hemmungen, einen Pfirsichstein so zu nennen, obwohl der doch aus Holz besteht (stimmt das?) und doch ganz sicher zumindest Leben *enthält*, denn es könnte ja ein Bäumchen aus ihm wachsen. Er bekäme so indirekt vielleicht sogar Junge, und das soll doch ein Stein nicht können, oder?

»Diamanten sind ewig«, lautet ein Werbespruch für Verlobungsringe. Noch so ein besonderer Stein! Ewig. Unvergänglich. Zeitlos? Ist vielleicht dies ein weiterer Grund für die Faszination der Steine, daß sie sich durch eine große Beständigkeit auszeichnen, daß sie uns alle überdauern? Wer hat nicht schon das leichte Erschauern verspürt beim Gang durch tausendjährige Ruinen? So alt sind die schon, und wir dagegen so klein und unbedeutend vor dem Weltganzen! Ich kann plötzlich verstehen, weshalb so viele Religionen heilige Steine kennen. In ihrer (relativen?) Beständigkeit scheinen sie dem Göttlichen irgendwie viel näher verwandt als wir kurzlebigen Menschenwesen! Und dann gibt es ja außerdem sogar noch zweitausendjährige Bäume und millionenjährige Tierarten und versteinertes Holz und Versteinerungen von Tieren, die wir nur deshalb überhaupt kennen, weil sie in der Versteinerung die Jahrmillionen überdauert haben. Gemessen an der »Lebens«dauer (leben sie jetzt plötzlich doch?) sind all diese Stein-Wesen viel gottähnlicher als wir Menschen mit unseren paar Jährchen! Wir sind so vergänglich, so endlich, so ganz anders als die Steine! Das müßte doch eigentlich irgend etwas bedeuten für unser tägliches Dasein, oder nicht?

Philosophische Themen und »Techniken«

War das, was ich hier soeben getan habe, nun schon »philosophiert«? Was versteht man denn eigentlich genau unter philosophieren?

Nun, das kommt darauf an, wer den Begriff benutzt oder auf wen er angewendet wird. Ist es ein/e FachphilosophIn, dann wird die Antwort anders lauten, als wenn ein/e LaienphilosophIn gemeint ist. Lassen Sie es mich mit einem Vergleich erklären:

Wenn ein Kleinkind auf seinem Xylophon eine Tonreihe anschlägt, macht es für sein Gefühl »Musik«. Ein Pianist aber würde seine Tonleitern kaum so bezeichnen. Beide jedoch nutzen die »Bausteine« der Musik, die Klänge.

Oder: Würden Sie ein Schulkind, das einen Aufsatz geschrieben hat, deswegen schon SchriftstellerIn nennen?

Sokrates (469–399 v. Chr.) verglich sein Philosophieren mit der Hebammenkunst (die er vom Beruf seiner Mutter kannte): Durch beharrliches, geschicktes Befragen seiner Gesprächspartner helfe er diesen, ihre eigene Weisheit zu entdecken und zu »gebären«.

Diese Methode wird in der Fachphilosophie »Mäeutik« (Hebammenkunst) genannt und wurde als »sokratisches Gespräch« zum hauptsächlichen Vorgehen in der Kinderphilosophie. Wichtig ist dabei aber, daß wir darauf achten, die Fragen nicht manipulativ zu stellen (wie es allerdings selbst Sokrates manchmal tat!), denn die Kinder sollen nicht einfach zu unseren Weisheiten hin »gelockt« werden, sondern wirklich ihre eigenen Ansichten entdecken und entwickeln können.

Zum Philosophieren, wie es Fachleute tun, gehört eine gründliche Ausbildung und viel Übung, aber selbst dann benötigt ein »Profi« für sein »Handwerk« gewisse »Bausteine«, ähnlich wie MusikerInnen ihre Töne oder DichterInnen ihre Buchstaben, ihre Worte. Auch beim Philosophieren von Kindern und Laien treten Elemente der Fachleute auf. So habe ich bei meinem Gedankenspiel über die Steine zwar mehrere philosophische »Bausteine« benutzt. Dennoch war es für mich als Fachfrau lediglich ein erstes Zusammentragen von Ideen. Ich würde dies für mich nicht als Philosophieren bezeichnen, aber es beinhaltet bestimmt schon Ansätze dazu.

Hätten dagegen Kinder diese Gedanken selber entwickelt und dabei die Vielfalt von Aspekten zum Thema »Stein« selbst entdeckt (vielleicht auch unter Anleitung durch eine »sokratische Hebamme«, siehe Kästchen), so dürfte man diesen Vorgang sicher philosophisch nennen. Folgende Gründe sprechen dafür:

Die Kinder hätten *gestaunt* und sich gewundert (damit beginnt das Philosophieren, Sie erinnern sich?), sie hätten das Thema von verschiedenen Seiten ergründet und dabei etliches entdeckt, und die Frage »Was ist eigentlich ein Stein?« wäre dabei sicher erhellt worden (das ist das Ziel des Philosophierens, siehe Einleitung).

> Ob man ein Gespräch philosophisch nennt, hängt zum einen davon ab, an welcher Frage, welchem Thema man arbeitet, zum andern aber, wie man dabei vorgeht, also von den angewandten »Techniken« (das Wort bedeutet im Griechischen »Kunst«).

Sehen wir uns zuerst die inhaltliche Seite an: Wann handelt es sich denn nun um ein *philosophisches Thema?*

Nehmen wir als Beispiel ein Gespräch über den Tod. Muß man ihn fürchten? Ist er das Ende von allem? Welche Auswirkungen hat das Wissen um den Tod auf unser Leben? So gestellt, sind dies alles philosophische Fragen, und PLATON (427–347 v. Chr.) meinte zum Beispiel dazu: »Philosophieren heißt sterben lernen.« Durch sein Philosophieren erkannte er Zusammenhänge zwischen Todesbewußtsein und dem Leben, und er entwickelte Gedanken zur Unsterblichkeit der Seele, die uns Trost und Gelassenheit schenken können (siehe seinen Dialog *Phaidon*).

Wenn nun aber beim Mittagstisch ein paar Gedanken darüber ausgetauscht werden, wie viele Verkehrstote dieses Jahr schon zu beklagen seien oder wessen Meerschweinchen heute früh gestorben sei, dann können wir kaum von einem philosophischen Gespräch reden – trotz des Themas. Auch wenn wir einem trauernden Menschen beistehen oder eine Abdankungsansprache anhören, ist das Thema zwar der Tod, aber philosophisch würde ich es trotzdem nicht unbedingt nennen. Weshalb?

Ein Thema wird dann als philosophisch bezeichnet, wenn es eine gewisse Allgemeinheit aufweist, das heißt, wenn es uns Menschen insgesamt und prinzipiell etwas angeht, sowie wenn eher nach Sinn und Bedeutung als nach vereinzelten Fakten gefragt wird.

Dann interessieren wir uns nicht primär für den Tod von diesem oder jener, sondern zum Beispiel dafür, was die Tatsache unserer Vergänglichkeit für Menschen eigentlich bedeutet. Oder wir loten die verschiedensten Möglichkeiten aus, was nach dem Tod wohl sein könnte, indem wir sie miteinander vergleichen und nach Argumenten suchen, die für oder gegen unsere Ideen sprechen. Zu erklären, daß das verstorbene Haustier nun wohl im Hundehimmel sei, ist unter Umständen ein tröstlicher Gedanke, aber so lange nicht philosophisch, als es beim Einzelfall und dieser Einzelaussage bleibt.

> Ein Thema, über das man wirklich philosophiert, *entwickelt sich weiter;* in Rede und Gegenrede entsteht etwas, wird etwas deutlich, was einem vorher noch nicht so klar war, selbst wenn man es vielleicht unbewußt längst geahnt hatte.

Wenn ich nun meine Gedanken über den Stein noch einmal ansehe, finde ich einige philosophische Ansätze auf der *thematischen Seite:*

- *Alle Menschen* haben mit Steinen zu tun. Wir spielen damit, wir bauen allerhand daraus oder nutzen sie gar zu Heilzwecken, wir sind davon umgeben, ohne besonders auf sie zu achten. Ihre Bedeutung für uns zu ergründen hat allgemeinen Charakter.
- Die Frage, ob Steine lebendig seien, kann zu *grundsätzlichen* Überlegungen über Seele, Leben und Tod führen.
- Das über den »Wunschstein« und den Edelstein angesprochene Thema ließe sich zu einer *prinzipiellen* Wertediskussion weiterspinnen.
- Die Feststellung der unterschiedlichsten Füllung des Begriffs »Stein« wirft Fragen nach unserer Sprache und Kommunikation überhaupt auf.

Trotzdem: Es sind nur erste *Ansätze,* denn richtig vertieft wurden all diese Themen nicht. Außerdem müßte jetzt noch das Instrumentarium angesehen werden:

Welche *philosophischen »Techniken«*, welches Handwerkszeug kam in meinen Überlegungen zur Anwendung? Auch hiervon gibt es einige zu finden:

– Eines der häufigsten Grundmuster allen Philosophierens ist das *Klären von Begriffen:* Was versteht man eigentlich unter dem Wort »Stein«? Welche Merkmale beinhaltet es? Was gehört alles dazu? In welchen Zusammenhängen wird es gebraucht? Welche verwandten Begriffe kommen vor, und wie unterscheiden sie sich von »Stein«?

– Eine weitere Grundtechnik besteht im systematischen *Hinterfragen alles als selbstverständlich Angenommenen:* Stimmt es, daß ein Stein hart und schwer ist? Ist ein Stein wirklich leblos? Entstehen Steine immer aus Felsen? Ist es wahr, daß es Wunschsteine gibt?

– Um Meinungen zu stützen, ist die wichtigste Technik *das klare Begründen.* »Ein Stein ist doch kein Vogel«, war so ein Begründungsversuch, den es weiter zu verfolgen gelten würde: Nennt die Aussage einen stichhaltigen Grund dafür, daß Steine nicht fliegen können?

– Ganz wichtig ist auch das *Differenzieren auf allen Ebenen,* das heißt, genauer zu werden

▦ in der Sprache: Ist »sterben« und »zerfallen« dasselbe? oder »entstehen« und »geboren werden«?

▦ im Denken: Ein grüner Stein muß nicht bemalt sein, ein schwarzer, hölzerner Spielstein dagegen schon.

▦ in der Begrifflichkeit: Was bedeutet »leben«, was meint »wachsen«, was heißt eigentlich »weich«?

▦ in der Wahrnehmung: Haben alle Flußkiesel die gleiche Farbe? Fühlen sich alle Steine gleich an?

▦ selbst im Wollen, Entscheiden und Handeln können

wir auf Unterschiede und feine Nuancen achten, zum Beispiel darauf, mit Wünschen behutsam umzugehen.

– Schließlich kommt kein/e PhilosophIn ohne *Phantasie und kreative Ideen* aus (»Felsenkinder«, »Spielhölzer«). Es soll ja etwas Neues entstehen im Laufe des Gesprächs, ein Zusammenhang erkannt oder hergestellt, eine Bedeutung verstanden oder zumindest erhellt, ein Gedanke entwickelt und/oder eine Meinung gebildet werden!

> Erst wenn in einem Gespräch (oder einem Text) ein philosophisches Thema mit Hilfe philosophischer Techniken so lange ergründet und entwickelt wurde, daß eine Erhellung der vorgenommenen Frage entsteht, würde ich von eigentlichem Philosophieren sprechen.

Ob und wie dies in meinem Kapitelanfang der Fall war, überlasse ich nun gerne Ihrer sicherlich inzwischen geschärften Wahrnehmung und Erkenntnis der Feinheiten und Unterschiede! Auf jeden Fall gibt es viele Ansätze und Gelegenheiten darin, die sich mit Kindern zu philosophischen Gesprächen weiter ausbauen ließen. Dazu möchte ich Ihnen im folgenden noch einige Ideen liefern.

Ein paar methodische Impulse

Es muß ein besonderer Stein sein...«

Ein »hundsgewöhnlicher« Stein wird für ein Kind wahrscheinlich nur interessant, wenn es gerade irgendeine bestimmte Verwendung für ihn hat. Wir können aber auch mit Absicht und Methode dafür sorgen, daß aus ihm etwas Besonderes wird, um ihn zum »Stein des Anstoßes« zu machen, an dem sich interessante Fragen entzünden.

> Ein Stein, mit dem sich das Kind identifiziert, bietet viele Gesprächsmöglichkeiten, denn so werden eigene Erfahrungen angesprochen.

– Wir fordern die Kinder auf, sich einen Stein zu suchen, der ihnen besonders gefällt, vielleicht auf dem Schulweg, vielleicht auch aus einer selbst zusammengetragenen Sammlung. Dann wird das zitierte Gedicht von Hans Manz (vor)gelesen mit der Einladung, doch ein wenig über den ausgewählten Stein zu erzählen: über seine Besonderheit und darüber, ob es stimmt, daß er etwas mit dem betreffenden Kind zu tun hat.

> Über die Besonderheit des Steines zu erzählen fördert die differenzierte Wahrnehmung. Die Frage, ob es stimmt, was das Gedicht vorschlägt, regt zur eigenen Meinungsbildung an.

– Auch auf andere Weise kann einem Stein Bedeutung verliehen werden: »Nimm diesen Stein hier, ich schenk' ihn dir, weil ich dich mag.« Oder: »Dies ist ein Kraftstein! Halt ihn mal ganz fest in deiner Faust und spür, wie stark er ist. Wenn du deine eigene Stärke fühlen willst, brauchst du ihn nur schnell so anzufassen, und schon hilft er dir.« Oder: »Dieser Stein ist ururalt! Er war schon auf der Welt, als es noch keine Tiere und keine Pflanzen gegeben hat. Möchtest du dir ausdenken, was er schon alles erlebt hat?«

> Etwas in den Stein hinein zu deuten, ihn etwas er-
> zählen oder tun zu lassen dient der Phantasie
> und der schöpferischen Denktätigkeit.

– Von dem Stein lassen sich Parallelen zu uns als Personen ziehen. Auch wir Menschen sind ja ganz verschieden! Welche besonderen Merkmale hat denn
ein/e jede/r von uns hier? Wenn ich ein Stein wäre,
dann sähe ich so und so aus, ich würde das und das tun,
ich möchte dort und dort liegen...

> »Erkenne dich selbst!« stand über dem
> griechischen Orakeltempel in Delphi. Sich als Stein
> (als Baum, als Tier, als Wasser...) vorzustellen
> und dessen Eigenheiten zu nennen kann die Selbst-
> erkenntnis vergrößern.

– Selbsterkenntnis wird auch erweitert, wenn ich hören
kann, wie andere mich sehen. Bei SchulanfängerInnen
zum Beispiel mit folgendem Spiel: Jedes Kind schreibt
seinen eigenen Namen groß und bunt an die Wandtafel
und rahmt ihn mit einer Linie ein, die einen Stein darstellen könnte. Darauf erhält jedes ein vorgezeichnetes
Blatt mit unterschiedlichsten Steinen drauf, in die nun
ausgewählte Namen von Kindern abgeschrieben werden können. Anleitung: Überlegt euch gut, welchen
Namen ihr wo hinein schreibt. Wir werden anschlie-
ßend einander davon erzählen.

> Ich habe deinen Namen hierhin geschrieben, weil...
> So üben Kinder das Begründen ihrer Entscheidungen.

– Nun holen wir wieder unsere besonderen Steine hervor und setzen uns damit im Kreis auf den Boden. Ein Kind nach dem andern legt seinen Stein zum Klang eines Instruments in den Kreis, indem es sich den Platz dafür selbst auswählt. Am Schluß fragen wir uns, ob es dem Stein dort gefällt oder ob noch Veränderungen nötig sind. Regel: Es darf nur der eigene Stein bewegt werden. Wieder wird begründet und ab und zu nach den Gefühlen gefragt, welche die Plazierung auslösen kann: Wie ist das für dich, wenn du mit ganz vielen zusammen an einem Plätzchen bist? Wie, wenn du mal ganz allein bist? Ist es *immer* traurig, allein zu sein, oder manchmal vielleicht sogar ganz schön? Wann? Weshalb?

> Mit der Frage: »Ist es eigentlich immer so, daß...«
> gewöhnen sich Kinder ans Hinterfragen.

Dieses Spiel können Sie – sprachlich dem Alter angepaßt – gut auch mit größeren Schulkindern ausprobieren, um zum Beispiel über Beziehungen in der Klasse oder in der Familie zu sprechen.

– Mit den persönlichen Steinen lassen sich noch andere Gespräche über Zwischenmenschliches anregen. Ideen dazu sind mir bei einem Bilderbuch gekommen, das durch einfachste Texte (nur ein kleiner Reim zu jedem Bild) und wunderschöne Zeichnungen von Steinen in verschiedenen Anordnungen besticht: *Tanzen können auch die Steine* von HILDE HEYDUCK-HUTH (verlag pro juventute 1995).

Vor den jeweiligen Gesprächen läßt man die Kinder mit ihren Steinen eine Bildsituation nachlegen, zum Beispiel diese: »Da liegen sie im Sommerwind – Vater, Mutter und das Kind.« Dann überlegen wir uns mögliche Veränderungen: Sehen eigentlich alle Familien so aus? Wie könnte es auch noch sein? Begründet!

> Philosophieren bedeutet auch, daß wir Möglichkeiten, Varianten und Alternativen entdecken, um sie anschließend zu vergleichen, sie auf ihre Tauglichkeit hin zu überprüfen oder ihren Wert abzuwägen.

Oder ein anderes der Bilder: »Stein an Stein an Stein an Stein, sage mir, was könnt das sein?« Eine Kette? Eine Menschenkette? Eine Warteschlange? Eine Brücke...? Sogar Erwachsene phantasieren gerne und lustbetont mit! Wenn wir dann noch Gründe für die Antworten suchen oder lustig welche zusammenkonstruieren, kann die Geschichte zur fröhlichen Spielerei werden, und gleichzeitig werden wichtige Bausteine des Philosophierens geübt (Begründen, Phantasieren, Unterscheiden, Differenzieren, eigene Meinung bilden...).

Ein Stein ist ein Stein?

Nachdem unsere Steine durch solche Übungen sehr individuelle Bedeutung erlangt haben, wird es Zeit, die Perspektive auszudehnen und zu erforschen, wo und wie Steine sonst noch vorkommen. Mit einem Gedicht aus dem bereits vorgestellten Bändchen von HANS MANZ läßt sich die nötige Phantasie anregen. Machen wir dazu eine kleine Vorstellungsübung mit geschlossenen Augen:

Das Wort Stein
dem und jenem,
jener und dieser in den Mund gelegt:
Einem Maurer,
einer Gärtnerin,
einem Friedhofsbesucher,
einer Ärztin,
einem Zahnarzt,
einer Kirschenesserin,
einem Mühlespieler,
einer Juwelenhändlerin,
einem Hartherzigen,
einer Bildhauerin
und zugesehen,
wie sich die Bilder zum immer gleichen Wort verändern.

Welche Bilder habt ihr gesehen? Gab es beim gleichen Wort auch verschiedene Möglichkeiten? Welche Steine waren jeweils gemeint? Was fällt euch sonst noch dazu ein?

– Wir tragen Ausdrücke, Sprichwörter und Redensarten zusammen, die mit Steinen zu tun haben:

- steinalt, steinreich
- steinhart, steinerweichend
- Steinbock, Steinbrech (Gebirgspflanze)
- Steinzeug, Steingut (Tonwaren)
- Steingarten, Steinwüste
- Steinzeit, Versteinerung
- mit steinerner Miene
- Steinigung
- »Die Steine selbst, so schwer sie sind…«
  (Lied: »Das Wandern ist des Müllers Lust…«)
- über Stock und Stein
- fallen wie ein Stein

- Stein und Bein gefroren
- Stein der Weisen
- Stein am Rhein
- (Albert) Einstein
- Stein des Anstoßes
- Steine in den Weg legen, aus dem Weg räumen
- Du hast bei mir einen Stein im Brett.
- Mir fällt ein Stein vom Herzen!
- Mir liegt einer auf dem Magen!
- ...

In Schulklassen dürfen wir ein solches »Brainstorming« ab und zu als zeitlich begrenztes Wetteifern anbieten. Ein anderes Mal werden Zettel ausgegeben mit der Anleitung, auf jeden eine der in der vorgegebenen Nachdenkzeit gefundenen Ideen mit großer Schrift zu notieren.
- Mit diesen Zetteln arbeiten wir danach weiter. Im Kreise sitzend legen wir passende Wörter zu Grüppchen auf dem Boden zusammen und begründen unsere Entscheidungen; wir suchen passende Überschriften dafür, wir diskutieren über Bedeutungen und erfinden vielleicht kleine Geschichten, worin einer der Ausdrücke (oder mehrere) vorkommt.
- Nach dieser differenzierten Betrachtung des Begriffs dürfte allen klar geworden sein: Stein ist nicht gleich Stein! Nun folgt der Umkehrvorgang, das Aufsuchen des Wesentlichen in der Vielfalt. Kleinere Kinder fragen wir, wie das denn sein könne, daß diese unterschiedlichen Dinger alle Steine genannt werden; mit etwas größeren SchülerInnen schreiten wir von dort zur regelrechten *Begriffsklärung:* Was ist denn nun eigentlich ein Stein?

Zur Begriffsklärung gehören zwei Teile:
Erstens das Auffächern in die Vielfalt
a) seines Umfangs (möglichst viele verschiedene
Situationen suchen, wo von Stein geredet wird)
sowie
b) seines Inhalts (die zahlreichen Unterschiede
zwischen Steinen herausfinden).
Zweitens das Herausfiltern des Wesentlichen
(gemeinsame Merkmale aller – oder der meisten –
Steine suchen), das Abstrahieren von allem, was ein
Stein nur zufällig hat oder ist, bis wir der Kernfrage,
was denn eigentlich den Stein zum Stein macht,
etwas näher gekommen sind.

Begriffsklärungen und -erklärungen beschäftigen große (und kleine!) DenkerInnen sehr häufig. Manche Philosophen haben ganze Bücher damit gefüllt, einen einzigen Begriff wie zum Beispiel »Vernunft« (IMMANUEL KANT, 1724–1804) bis in die kleinsten Bedeutungsritzen und Zusammenhänge hinein zu analysieren. Aber auch jede Lehrerin und jeder Lehrer wird im Sprachunterricht schon Wörter untersucht haben, und vielleicht durften Sie ja sogar selbst schon von einem Vorschulkind, das sich über irgendeinen Ausdruck gewundert hatte, in Ansätzen so etwas wie eine Begriffserklärung anhören. »Macht der Bettler Betten?« fragte etwa die dreieinhalbjährige Tochter Hilde ihren Vater, oder mit vier Jahren wollte sie wissen, weshalb der Thunfisch denn so heiße. »Tut der was?« war ihre eigene Idee zur Lösung des Problems. Begriffsklärungen gehen jedoch über das rein sprachlich bessere Verständnis hinaus. Durch das Suchen von Gründen dafür, daß so viele – und oft doch sehr unterschiedliche – Dinge mit dem gleichen Wort bezeichnet werden, entdecken wir zum Beispiel auch Zusammenhänge in der Welt, die durch die Sprache dargestellt sind. Zusätzlich können wir eine Menge über die Gefühle oder Bewertungen der Menschen erfahren, wenn wir uns überlegen, weshalb sie gerade dieses Wort gewählt haben in einer bestimmten Situation. Warum wird zum Beispiel jemand als »steinreich« bezeichnet und nicht einfach »sehr reich« genannt? Welche Untertöne schwingen hier mit?

Wissen wir überhaupt, was mit »reich« gemeint ist? Braucht man dazu eine Menge »Steine«? Und schon wären wir bei der nächsten Begriffsklärung angelangt!

> Wo unsere Erkenntnis von Welt und Menschen durch eigenes Überlegen erweitert wird, da findet auch Philosophieren statt.

Warum nennen wir den Stein »Stein«?

Ist ein Stein wirklich einfach nur ein Stein? Vielleicht hat Sie mein Untertitel zur Begriffsklärung auch an PETER BICHSEL erinnert, der eine berühmt gewordene Kurzgeschichte mit dem Titel *Ein Tisch ist ein Tisch* geschrieben hat (zu finden ist sie in seinem Büchlein *Kindergeschichten*, Luchterhand Verlag 1995). Es geht dort aber nicht in erster Linie darum (wie bei der Begriffsklärung), herauszufinden, was ein Tisch ist, sondern um die Frage, weshalb wir die Dinge gerade so nennen, wie wir es im allgemeinen tun. Vom Nachdenken über Steine sind wir zum Philosophieren über die menschliche Sprache gekommen.

Der alte Mann in Bichsels Geschichte ist es leid, daß alles immer gleich abläuft in seinem Leben, und aus lauter Langeweile gibt er allen Gegenständen neue Namen. Das amüsiert ihn zwar eine Weile, doch bald schon wird er noch einsamer als zuvor, denn er versteht die Leute nicht mehr und diese ihn erst recht nicht. So wird jegliche Kommunikation unmöglich.

– Wenn ein Kind uns also fragt: »Warum heißt ein Tisch eigentlich Tisch?« oder »Warum nennen wir den Stein überhaupt Stein?«, dann könnten wir Bichsels kleine Geschichte erzählen und im Gespräch darüber (oder auch im Nachspielen) recht schnell zur Bedeutung der Sprache als Verständigungsmittel kommen. Schon Grundschulkinder erkennen diese Bedeutung leicht. Ein Tisch, ein Stein... heißt eben so, damit wir uns verstehen – nur: Tun wir das wirklich?

> Philosophieren über Wörter und unseren Sprachgebrauch vergrößert die Chancen, nicht aneinander vorbeizureden.

– Falls aus der Frage nach dem Namen des Steins ein philosophisches Gespräch über die Bedeutung der Kommunikation überhaupt entstanden ist, ließe sich dieses Thema jetzt anhand eines Bilderbuches für Zehn- bis Zwölfjährige spielerisch weiterbehandeln. Es heißt *Meine Katze ist ein Elch* und wurde von TROND BRAENNE und PER DYBVIG verfaßt (Altberliner Verlag 1994). Das Muster des Wörteraustauschs ähnelt zwar Bichsels Erzählung, aber hier geht die Geschichte fröhlich aus, weil genügend spielfreudige Menschen da sind, die sich auf das Sprachabenteuer gerne einlassen.

»*An einem Sonntagmorgen am Frühstückstisch war das Mädchen so mit einem Gedanken beschäftigt, daß es vergaß zu essen. Der Vater fragte: ›Woran denkst du denn, mein Mädchen?‹
›Ich denke über alles Mögliche nach‹, antwortete es wie gewöhn-
lich. ›Woran denkst du vor allem‹, wollte der Vater wissen. Da
erwiderte es: ›Ich denke darüber nach, warum alles so heißt, wie
es heißt. Warum sagen wir denken für denken? Warum sagen wir
dazu nicht schreien?‹ Der Vater sah das Mädchen an. Darüber
hatte er noch nie nachgedacht. ›Das weiß ich nicht genau‹, sagte
er. ›Es ist wohl einfach so. Schreien ist schreien. Aber meinet-
wegen kann denken gern schreien heißen.‹ – Von diesem Tag an
sagte das Mädchen schreien für denken. Wenn es also der Vater
still vor dem Frühstück sitzen sah, fragte er: ›Woran schreist du,
mein Mädchen?‹ ›Ich schreie an alles Mögliche‹, sagte es.*«

Es mag reizvoll sein, diese etwas skurril gezeichnete Geschichte mit der rein verbalen von Bichsel parallel zu be-
arbeiten, denn es lassen sich viele Unterschiede und doch
auch Ähnlichkeiten finden, die unsere Frage nach dem
Sinn von Wörtern und Sprache erhellen werden.

Exkurs

Methodische Hinweise zum Umgang mit Kinderfragen

*An dieser Stelle möchte ich Ihnen noch ein paar metho-
dische Hinweise zum Umgang mit Kinderfragen geben,
die auch im Schulalter glücklicherweise noch anzutreffen sind. Wenn Sie dieses Thema speziell in bezug auf
Vorschulkinder interessiert, weise ich Sie gerne auf mein
bereits erwähntes erstes Buch hin:* Die kleinen Philosophen – Vom Umgang mit »schwierigen« Kinderfragen.

Wenn ein kleineres Kind (bis vielleicht acht, neun Jahre) die Warum-Frage – zum Beispiel nach den Wörtern – stellt, so können Sie in den meisten Fällen davon ausgehen, daß eine langatmige, wissenschaftlich vielleicht korrekte Erklärung, wie es wohl dazu gekommen sei, daß man den Stein Stein nennt, am Kind vorbeigeht.

> Die Erfahrung zeigt, daß kleine Kinder viel eher
> am Sinn als an der Ursache interessiert sind.
> Eine Sinn-Antwort wäre: »Der Stein heißt so, *damit*
> wir uns verständigen können.«

Was geschieht, wenn wir uns nicht an diese sprachlichen Abmachungen halten, wird in Bichsels Geschichte (eher pessimistische Variante) oder in Braennes und Dybvigs Bilderbuch (optimistische Variante) ersichtlich, oder es kann mit einem kleinen spielerischen Selbstversuch leicht herausgefunden werden. Wenn Sie es dagegen mit einer Ursachen-Antwort versuchen (»Man hat ihn halt schon immer so genannt«), kann es Ihnen passieren, daß das Kind ganz einfach seine Frage wiederholt: »Und warum heißt denn nun der Stein ›Stein‹?« Leicht genervt werden Sie jetzt vielleicht dem Kind vorhalten: »Grad hab' ich es dir erklärt, hast du denn nicht zugehört?« Es stimmt, Sie haben erklärt, *aber die Erklärung war leider nicht, was das Kind erwartet oder was es beschäftigt hat!*

Zur Illustration dieses Unterschieds von Sinn- und Ursachen-Antworten auf eine Warum-Frage hier eine kleine Geschichte, die einer meiner ElternkursteilnehmerInnen widerfahren ist: Eines Tages stieg sie mit ihrem Dreijährigen die Treppe hinunter, um im Garten Wäsche aufzuhängen. Sie trug das nasse Zeug in einem der üblichen Plastikkörbe nach unten. Da fragte ihr Bub sie plötzlich: »Mama, warum ist dieser Korb aus Plastik?« Gerade wollte sie zu einer Erklärung im Stil »Ja, weißt du, heutzutage ist eben alles aus Plastik« ansetzen, als ihr einfiel, was sie im Kurs gelernt hatte, nämlich den Kindern zuerst eine eigene Antwortchance zu geben, bevor wir mit unseren Erwachsenenweisheiten daherkommen.

Kinder, die auf ihre Fragen immer gleich Antworten bekommen, lernen vor allem eines: Die Großen wissen sowieso alles (besser), da brauche ich doch gar nicht erst nachzudenken! Das ist ja auch viel bequemer, als sich selber etwas auszudenken oder zu erarbeiten!

»Was denkst du denn, weshalb das so ist?« fragte sie jetzt nach bester Kinderphilosophiemanier zurück und erhielt prompt die fixfertige Antwort des Knirpses: »Ist doch klar! Damit er nicht aufweicht!« Das ist natürlich der Sinn des Plastikmaterials, und das war es auch, was ihn eigentlich daran interessiert hatte.

Wenn Kinder später mit Warum-Fragen zu uns kommen, so etwa ab zehn, elf Jahren, ist es zwar immer noch zweckmäßig, sie zu eigenen Antworten zu ermuntern, aber diese werden dann bestimmt häufiger auch Ursachen-Antworten sein. Das Interesse hat sich dann verlagert aufs genaue Wissenwollen, weshalb die Dinge so sind, wie sie sind, auch wie sie gemacht werden oder funktionieren, aber weniger auf die Frage nach dem »Wozu« und »Wofür«. Dieser Wandel ist bei den meisten Menschen festzustellen. Nur schade, daß vor lauter wißbaren Antworten bei einigen mit zunehmendem Alter die höchst wichtigen Wozu-Fragen (man denke nur zum Beispiel an gewisse ethische Probleme) völlig verloren gehen, vielleicht bis auf die verzweifelte letzte:

»Wozu leben wir eigentlich?« Wer nicht von klein an gelernt hat, sich um eigene Sinn-Antworten zu bemühen, wer sich keine Technik des kritischen und kreativen Denkens erworben – und/oder erhalten – hat, steht oft hilflos vor der größten aller Lebensfragen da!

Die Warum-Fragen unserer Kinder geben uns die schönste Gelegenheit, dieser Krise vorzubeugen!

Vermeiden wir, Kinder dank unserem (vermeintlichen?) Wissensvorsprung mit vorgefertigten Antworten zu überfüttern. Trauen wir ihnen statt dessen zu, daß auf Fragen, die zu stellen sie fähig sind, sie sich meist auch selber (vorläufige) Antworten ausdenken oder ausphantasieren können.

Unsere Hilfe sollte im sokratischen Zurück- und Weiterfragen bestehen oder – falls unsere Meinung wirklich gefragt ist – im zurückhaltenden Aufzeigen, wie wir selbst zu der gestellten Frage stehen. Das Ergebnis solchen Bemühens sind selbstbewußte, mutige Kinder, die sich mit Phantasie und eigenem Nachdenken zu helfen wissen, statt alle Antworten von uns zu erwarten. (Mehr über Kinderfragen siehe Seite 136.)

Beispiel eines Gesprächs mit philosophischen Elementen aus der Kindergartenpraxis

Die angehende Kindergärtnerin ESTHER FÄSSLER unternahm im Rahmen ihrer Ausbildung den praktischen Versuch, mit vier Kindern ein kleines philosophisches Gespräch anzuregen. Sie wählte dafür das Thema:

> Stein und Feder – Wie unterscheiden sie sich?
> Gibt es Gemeinsames? Sind wir Menschen ihnen
> vielleicht manchmal irgendwie ähnlich?

Als Einstieg ließ sie die Kinder mit Federchen spielen, dann begann sie behutsam, einzelne ihrer vorher gut überlegten *Fragen zum Thema* zu stellen. Hier einige Ausschnitte aus dem entstandenen Gespräch:

– *Wie war das denn, diese Federchen zu spüren?*
  (Ansprechen der Erfahrung)
– *Wieso fliegen wohl Federn so gut?*
(Eigene Ideen sokratisch »gebären« helfen) Auf die Kinderantwort »... weil sie nicht schwer sind« hakt Esther Fässler nach: *Können denn schwere Dinge auch fliegen?*
(Hinterfragen) Darauf ein knapp Siebenjähriger schnell: »Nein! ... Doch!, wenn man sie hochwirft«, und ein Mädchen doppelt nach: »Ja, Flugzeuge sind ja auch schwer.«
– *Ist das denn dasselbe Fliegen bei einem Flugzeug und bei einem Vogel?*
(Differenzieren) »Ja, und wenn wir ›uf d'Nase flüüged‹ (bedeutet im Schweizerdeutschen: umfallen, straucheln), dann fliegen wir auch.« »Wenn wir eine Seele sind, dann können wir auch fliegen«, meint ein Knabe. Esther: *Und wann sind wir denn eine Seele?* »Wenn wir tot sind...«

(Verschiedene Dinge fliegen also, aber wie verschieden dieses Fliegen sein kann, sahen die Kinder noch nicht.)

Etwas später wurde mit ein paar Steinen experimentiert, und die unterschiedlichen Wahrnehmungen wurden dabei ausgetauscht:

– »Ganz hart.« »Auch ein wenig fein!« »Schön flach.« »Manche sind gar nicht schwer!« »Oh, dieser ist aber groß!« »Und der da ist ganz schön kalt!«
– *Sind Steine denn immer kalt?* »Nein, an der Sonne sind sie warm.« »An der Wange ist er ganz fein.« Ein Junge hält sich zwei Steine an den Kopf. »Schaut, ich habe neue Ohren!«
– *Ja, ist das denn jetzt ein Ohr oder ein Stein?* »Ein Ohr, schau doch!« »Weißt du, Gott könnte ja auch Menschen mit Steinohren machen!« (Kinder ruhig spielerisch phantasieren lassen! Keine »pädagogische« Richtigstellung nötig!) »Ich habe hier sogar einen, der aussieht wie ein Herz.«
– *Ein Stein? Obwohl er die Form eines Herzens hat?* »Eher eine Mischung, ein Herz-Stein.«
– *Wann ist denn etwas überhaupt ein Stein?* (Begriffsklärung) »Wenn's hart ist.« Esther klopft auf den Boden und sagt: »*Dann ist das hier auch ein Stein?*« (Hilfreiche Provokation, die zur Differenzierung führt) »Nein, ich meine, wenn's hart ist und … wärmer.« »Es können auch andere Sachen hart sein, zum Beispiel Holz, nicht wahr!« »Ja, und Sand, das ist doch auch Stein, oder?« *Ja, und Felsen und Berge auch…*
– *Was kann man denn mit Steinen alles machen?* (Wert oder Sinn von Steinen?) Die Kinder zählen einiges auf, eines meint: «Ein Stein kann auch weh tun«, und es

entspinnt sich ein Gespräch darüber, ob nur harte Dinge weh tun können.

– *Und eine Feder kann das also nicht?* Lachend verneinen die Kinder zuerst, dann aber sagt eines: »Doch, wenn man mit ihr so ganz fest ›fitzt‹ oder wenn sie einen mit dem Kiel kratzt.«

– *Ein Stein kann doch auch fliegen, oder?* (Zurückführen zum Thema) »Nein.« »Doch, wenn man ihn hochwirft«, erinnert sich ein Knabe. Dies regt einen andern zu »weiträumigen« Phantasien an: »Aber wenn er zur Sonne rauf geht, kommt er nicht mehr zurück!« »Das geht doch gar nicht«, widerspricht einer. »Doch, wenn man auf einen Baum steigen würde und den Stein ganz hoch hinauf werfen würde…« »Das geht nicht«, widerholt der Pragmatiker. *Geht nicht? Weshalb denn?* (Esther regt das Begründen an, statt nur Behauptungen stehenzulassen.) »Das ist viel zu weit weg.« Die andern bestätigen das, aber der »Phantast« gibt noch nicht auf: »Wenn man auf die Welt stehen könnte und den Stein dann runter werfen… die Sonne ginge ja nicht kaputt, denn die ist ja aus Feuer…« Jetzt nimmt ein Mädchen zwei Steine und schlägt sie aneinander. »Mußt mal riechen! Riecht nach Feuer!« Alle beginnen zu experimentieren und riechen an den Steinen…

– *Ein Stein kann also hart, aber auch irgendwie weich sein. Er ist schwer und doch auch leicht. Auch eine Feder kann hart und weich sein.* (Noch einmal Rückkehr zum Thema mit einer kleinen Zusammenfassung des bisher Gefundenen) Die offenbar unermüdlichen Kinder sorgen darauf wie von selbst für die Fortsetzung und den Vergleich zwischen Stein und Mensch. »Ein Mensch ist auch weich.« »Ja, und auch hart.« »Der Bauch ist weich, die Knochen sind hart.«…

– *Wärt ihr lieber ein Stein oder eine Feder?* (Identifi-
kation) »Eine Feder.« »Ja, die ist fein.« »Also ich weiß
nicht, ich möchte lieber ein Mensch sein.« *Dann
kannst du ja ein bißchen wie ein Stein und ein bißchen wie eine Feder sein, nicht?*
– *Jedes Kind darf nun noch einen Stein mit Federn bekleben. Ist es dann wohl noch ein Stein? Wird er fliegen wie eine Feder oder eher wie ein Stein?* »Ein Fe-
derstein fliegt wie ein Stein.« »Aber ein ganz kleiner
Stein an einer ganz großen Feder würde fliegen wie
eine Feder!« Ein Mädchen betrachtet seinen Feder-
stein: »Es ist ein Stein…«, dann dreht sie ihn um und
ergänzt: »Nein, eine Feder!« Und ihre kleine Freundin
fügt weise hinzu: »Ist ein bißchen beides, wie ein
Mensch…«

Weiterführende Literatur

Zur Kinderphilosophie im allgemeinen

GARETH B. MATTHEWS: *Die Philosophie der Kindheit – Wenn Kinder weiter denken als Erwachsene*, Beltz Verlag 1995.

GARETH B. MATTHEWS: *Philosophische Gespräche mit Kindern*,
Freese Verlag 1993.
»Meine vorrangige Absicht ist, Erwachsene für eine Reihe von
Fragen zu interessieren, über die sie gewinnbringend mit Kindern
nachdenken können…« und dies erreicht der Autor mit kleinen
Geschichtenanfängen, in denen er Philosophisches kindgemäß
und anregend verpackt. Erfahrungsbericht aus einer vierten
Klasse, leicht nachspielbar mit Kindergruppen (fast) jeden Alters.

HANS-LUDWIG FREESE: *Kinder sind Philosophen*, Beltz Verlag
1992.

Überblick über Themen und verschiedene methodische Ansätze in der Kinderphilosophie.

EKKEHARD MARTENS/HELMUT SCHREIER (Hrsg.): *Philosophieren mit Schulkindern – Philosophie und Ethik in Grundschule und Sekundarstufe I*, Agentur Dieck, Heinsberg 1994.
Ein Sammelband mit Beiträgen verschiedener Autoren.

Zum philosophischen Umgang mit Kinderfragen

BARBARA BRÜNING: *Mit dem Kompaß durch das Labyrinth der Welt – Wie Kinder schwierigen Lebensfragen auf die Spur kommen*, Leibniz-Bücherwarte 1990.

RAIMUND POUSSET: *Sicher antworten auf Kinderfragen*, Peter Hammer Verlag 1993.
KinderphilosophInnen sind zurückhaltend mit Antworten, Pousset meint denn auch eher: Wie können wir sicher auf Fragen reagieren.

ARMIN KRENZ: *Kinderfragen gehen tiefer – Hören und verstehen, was sich hinter Kinderfragen verbirgt*, Herder Verlag 1995.
Schwerpunkt: Der psychologische Zugang zu den Fragen der Kinder.

CAROLA SCHUSTER-BRINK: *Kinderfragen kennen kein Tabu*, Ravensburger 1997.
Gemeint sind Kinderfragen rund ums Woher (Geburt, Sexualität, Werden), ums Wohin (Sterben, Tod, Trauer) und ums Wozu (Gott und Sinn).

EVA ZOLLER: *Die kleinen Philosophen – Vom Umgang mit »schwierigen« Kinderfragen*, verlag pro juventute 1991/94/96.
Mit zahlreichen praktische Anleitungen zu Übungen und Spielen, die das selbständige Denken und fröhliche Phantasieren fördern.

Für Kinder geeignete Texte zum Thema

ANNA-CLARA TIDHOLM: *Warum?* Hanser Verlag 1994.
»Kluge Kinder fragen viel: Wieso? Weshalb? Warum? Wer nicht fragt bleibt dumm!«
Für Kinder im typischen Warum-Alter (Kindergarten und davor), die anhand der einfachen Bilder üben können, eigene Antworten zu geben und sie mit den Vorschlägen im Büchlein zu vergleichen.

JOSEF GUGGENMOS: *Warum – Wieso – Weshalb Geschichten*, Ravensburger Buchverlag 1995. Lustige Phantasieerzählungen für Kinder ab acht Jahren (auch zum Selberlesen), in denen irgendwelche verrückten Antworten auf so »lebenswichtige« Fragen wie zum Beispiel »Warum die Hühner immer so schief gucken, wenn man mit ihnen spricht« oder »Warum die Käuze große Augen machen« gegeben werden. Reizt zum Erfinden eigener solcher Erklärungsgeschichten.

REINHARDT JUNG: *Das geheime Wissen der Pinguine,* Jungbrunnen Verlag 1993.
»Frack, der Pinguin, beantwortet Fragen, die von Kindern gestellt werden: Sie müssen mit warum beginnen, und es müssen dumme Fragen sein. Gerade die dümmsten Fragen sind nämlich der Schlüssel zum geheimen Wissen der Pinguine.« Ein Buch voller humoriger Phantasiegeschichten, die einem ernsthaft zu denken geben. Für Kinder ab etwa zehn Jahren.

EVA ZOLLER: *Sälber dänke macht schlau!* Pestalozzianum Zürich 1991. (Nur dort oder bei der Autorin direkt zu beziehen, Adresse siehe S. 189.)
Ein philosophisches Lehrmittel mit Lektionsvorschlägen zu verschiedenen Themen, für Schulen ab etwa 6. Klasse. Darin werden unter anderem die drei wichtigsten Grundmuster des Philosophicrens (Hinterfragen, Begründen und Begriffsklärung) ausführlich beschrieben.

Und noch zwei ganz besondere »Perlen«

MICHÈLE LEMIEUX: *Gewitternacht*, Beltz & Gelberg 1997.
Ein kleines Mädchen und sein Hund erleben eine Gewitternacht
ohne Schlaf, dafür voller großer Fragen und lebhafter Gefühle.
Aussagestarke, karge Strichzeichnungen, ganz sparsam kommen-
tiert mit treffenden Gedanken, wie sie einem wachen Kind eben
so durch den Kopf gehen.

JÜRG SCHUBIGER: *Mutter, Vater, ich und sie,* Beltz & Gelberg 1997.
»Nichts gegen meine Schwester. Nur manchmal regt sie mich
eben auf. Mutter sagt, sie würde sie nie mehr hergeben. Vater
würde sie, denke ich, auch nicht hergeben. Ich auch nicht. Außerdem gibt es wohl niemanden, der sie nähme.«

2. Kapitel
JEDE REISE BEGINNT MIT DEM ERSTEN SCHRITT...

Wo und wie fangen wir an?
Wo und wie hat *alles* angefangen?

Anfänge haben etwas Faszinierendes, sie ziehen meine Gedanken beinahe magisch an. Anfänge – kann es dieses Wort überhaupt in der Mehrzahl geben? Wenn ich von Anfängen in der Mehrzahl spreche, dann muß doch *ein* Anfang nach dem andern geschehen, also gibt es immer schon vor dem Anfang etwas, nämlich einen anderen, früheren, den wirklichen (?) Anfang. Dann müßte es irgendwann einmal einen allerersten, einen Ur-Anfang gegeben haben? Oder fangen am Ende (was schreibe ich da?) etwa alle Anfänge gleichzeitig an?

Wenn ich »Anfang« denke, kommt mir »früher und später« in den Sinn, oder »vorher und nachher« oder »Vergangenheit und Zukunft« ... Anfänge haben etwas mit der Zeit zu tun, mit dieser Dimension, die dazu da ist, »daß nicht alles auf einmal geschieht«, wie es FYNNS kleine Freundin im Buch *Anna schreibt an Mister Gott* ausdrückte (Scherz Verlag 1986/1995, Fortsetzung des berühmten Erstlings *Hallo Mister Gott, hier spricht Anna*). Anfänge haben aber auch etwas mit der Raumdimension zu tun: *Hier* fängt der Weg an; dort drüben endet er. Fünf Läufer beginnen alle hier zu rennen, also fünf Anfänge *nebeneinander* (»fünf Beginne« könnte man wohl nicht sagen?), und sie laufen bis dort zu den fünf Enden (oder besser: bis zu dem *einen* Ziel). Enden? Noch so ein Mehrzahlwort! Ende! Aus! Schluß! Wie kann es so etwas in der Mehrzahl geben? Es kann, denn alles, alle haben ein Ende… und die Wurst hat sogar zwei, sagt man.

Weshalb gibt es den Anfang in der Mehrzahl, aber nicht den Beginn? Und die Enden, aber nicht die Schlüsse (außer man meine wiederum etwas anderes damit)?

> Nicht nur unsere Sprache, auch das, was sie bezeichnet, ist voller Rätsel, die nur darauf warten, von kindlich spielfreudigen PhilosophInnen geknackt zu werden.

Lassen Sie mich nochmals von vorne anfangen! »Im Anfang war das Wort«, steht am Anfang des Johannes-Evangeliums, »und das Wort war bei Gott«…

Wenn ich an *den* Anfang, den es vielleicht doch nur in der Einzahl gibt, denke, dann liegt es mir nahe, auch an einen Gott, einen Schöpfer von allem, zu denken, oder an ein ursprüngliches Prinzip, an eine Kraft oder Energie, die den Anfang setzte. Vielleicht war's ja auch der Urknall, aber was war dann davor? Oder wenn es doch Gott, »der erste unbewegte Beweger«, wie ihn ARISTOTELES (384–324 v.Chr.) nannte, war, stellt sich mir die Frage: Und woher kam dann *er*? »Wenn Gott die Welt und uns alle gemacht hat, wer hat dann Gott gemacht?« ist eine Frage, die manchem Kind ganz ohne unser Zutun einfällt!

Offenbar haben Anfänge immer auch etwas mit ihrem Gegenteil zu tun, und ich meine jetzt nicht die Enden, sondern dasjenige, was weder Anfang noch Ende hat: das »Ohn-end-liche« oder auch das Ewige, wenn man die Zeitdimension dazu nimmt. Und dabei fällt mir, die ich in unserem abendländischen Kulturkreis (ob nun mit oder ohne Kirche) aufgewachsen bin, unweigerlich wieder Gott ein. Gott wird als ewig, als ohne Ende, als »das, worüber hinaus sich nichts Größeres mehr denken läßt« (nach ANSELM VON CANTERBURY, 1033–1109) verstanden. Gott ist das, was letztlich immer ein Geheimnis bleiben muß, weil jeder Versuch, ihn zu begreifen (das heißt, sich einen »Begriff« oder eine Vorstellung davon zu machen), daneben greift, denn was kein Ende, keine Anfänge hat, wo/wie will man das »(er)fassen«?

Anfänge sind vielleicht eher uns Menschen, das Anfangslose dagegen wahrscheinlich eher dem Göttlichen zuzuordnen. Und wenn so endliche Wesen, wie wir es sind, sich Fragen nach dem Ur-Anfang stellen (den es vielleicht ja gar nicht gibt), geraten wir unversehens in jene geheimnisvollen Sphären der Unendlichkeit. Solche Gedanken können einen schwindlig machen, manchmal sogar Angst auslösen, und doch … fast alle Kinder, die sich das Staunen erhalten haben, denken ganz von sich aus ab und zu über diese Dinge nach, wie es auch MICHÈLE LEMIEUX in ihrem Buch *Gewitternacht* so treffend und liebevoll dargestellt hat (siehe Literaturhinweis im 1. Kapitel). Helfen wir ihnen, indem wir ihnen die dafür nötige Geborgenheit schenken und uns an ihrem Suchen beteiligen!

Eine Mutter, URSULA BÄUMLIN, die genau dies getan hat, beschrieb 1977 unter dem Titel *Philosophische Bröcklein* (in der Zeitschrift *Reformatio* Jg. 26) eine Situation, die sie mit ihrem Sohn erlebt hat:

»Tobias ist bald 10 Jahre alt und hat neuerdings das

präzise Bedürfnis, zu philosophieren. Dazu erscheint er abends an meinem Bett (...) und schlüpft (...) zu mir unter die Decke. Hier ist offenbar die nötige Geborgenheit

»Sieh diesen Torweg! Zwerg!« sprach ich weiter: »der hat zwei Gesichter. Zwei Wege kommen hier zusammen: die ging noch niemand zu Ende. Diese lange Gasse zurück: die währt eine Ewigkeit. Und jene lange Gasse hinaus – das ist eine andere Ewigkeit. Sie widersprechen sich, diese Wege; sie stoßen sich vor den Kopf – und hier, an diesem Torweg, ist es, wo sie zusammenkommen. Der Name des Torwegs steht oben geschrieben: »Augenblick«.

Aber wer einen von ihnen weiter ginge – und immer weiter und immer ferner: Glaubst du, Zwerg, daß diese Wege sich ewig widersprechen?«

»Alles Gerade lügt«, murmelte verächtlich der Zwerg. »Alle Wahrheit ist krumm, die Zeit selber ist ein Kreis.«

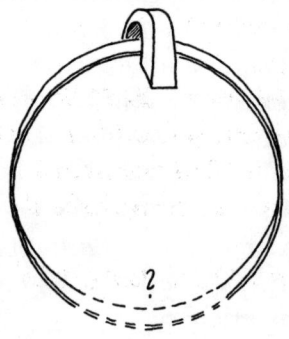

und Sicherheit, schwierige Dinge beim Namen zu nennen, zu ›schwätzeln‹, wie er dem sagt.

– Was kommt nach dem Weltall? Ist zuäußerst eine Haut
und was kommt dann außerhalb davon? Gell, das kann
man sich halt nicht vorstellen. Es ist komisch. Ich
denke es nicht gern, es ist gefährlich. Ich kann mir vorstellen, daß eine Schnur immer weitergeht und nie aufhört. Aber das mit dem Weltall habe ich nicht gern.
Gell, das heißt Unendlichkeit?

– Ich werfe ein, daß das mit der Schnur auch Unendlichkeit meint. Wenn eine Schnur hier anfängt und immer
weitergeht: einen Meter und noch einen, drei, vier,
fünf, sechs, sieben und immer weiter, was machst du
dann eigentlich?
– Immer einen dazu.
– Und wenn du dann zurückgehst?
– Immer einen weg.
– Und wenn du über den Anfang hinausgehst und in die-
ser Richtung immer weiter?
– Minus. Weg. Aber wo ist die Schnur dann?
– Ich glaube, sie ist nicht da, aber du gehst ihr in der Vor-
stellung nach, als ob sie da wäre. Aber sie ist nicht da,
sie ist auf der anderen Seite.
– Immer weiter?
– Bis Unendlich! Weißt du, die Philosophen bei den Grie-
chen, (…) die haben genau über solche Sachen nach-
gedacht. Es waren Mathematiker-Philosophen. Weißt
du, was sie, glaub ich, gesagt haben?
– Was?
– Daß das Und-Unendlich das gleiche ist wie das Weg-
Unendlich.
– Ahaa. Warum?

Friedrich Nietzsche (1844–1900) entwickelte in seinem Buch *Also sprach Zarathustra* den Gedanken, daß in ungeheuerlich großen Abständen alles Geschehen, wie es sich uns jetzt präsentiert, genau so wieder und wieder ablaufen werde, weil alles in einem ewigen Kreislauf miteinander verbunden sei.

– Wart mal, ich glaube, weil es nicht zwei verschiedene Unendlichkeiten geben kann. Sonst wäre nur eine wirklich unendlich – glaub ich. Ich weiß es nicht mehr ganz genau.
– Das ist glatt.
– Mhm.
– Du, dann kommen ja die Unendlich hinten zusammen. Kann man dann hinten herumgehen?
– Puf! Ich glaube nicht. Ich weiß nicht. *Wir* glaub ich nicht. Wenn wir mal so weit fort sind – ich weiß nicht.
– Hä, jetzt habe ich das mit der Schnur auch nicht mehr gern.«

Über Anfänge und Enden, über Gott und die Schöpfung, über Zeit und Unendlichkeit möchte ich mit Kindern philosophieren und Sie, liebe Leserin, lieber Leser, dazu einladen, es gleichfalls zu versuchen.

Wir sind zwar mit dem Anfänge-Thema schon bei der zweiten Station unserer philosophischen Reise, aber die Idee dazu war im ersten Kapitel (wo Anfänge doch eigentlich hingehören) bereits enthalten: Dort trafen wir nämlich auf den Gedanken, daß uns Steine so hart, so beständig vorkommen, daß die Idee von Ewigkeit oder zumindest einem sehr frühen Ur-Anfang natürlich nahelag. So findet jetzt, was im Bachbett vor unseren Füßen be-

gann, seine Fortsetzung in einem gedanklichen Raum-
flug in die unendlichen Weiten des Alls oder in einer
Zeitreise zurück zu den Anfängen. Doch keine Angst!
Die Kinderphilosophie sucht danach – und auch zwi-
schendurch – immer wieder den Boden des praktischen
Lebens unter den Füßen!

Philosophieren über Anfänge

Der typische Denkweg beim Philosophieren verläuft so
ähnlich, wie ich gerade unsere Reise beschrieben habe: Ir-
gendein kleines Erlebnis, ein Gegenstand (Stein) oder ein
Wort (Anfang) läßt uns plötzlich innehalten, weil etwas
daran uns verblüfft, wundert, erstaunt. Wir wollen mehr
darüber wissen, die Neugierde ist geweckt. Dann brauchen wir weiteres »Material«, das mit der Sache irgendwie zu tun hat (wir tragen erste Gedanken zu Steinen
oder Anfängen zusammen), und schon kann's losgehen:

> Durch Untersuchen, Überlegen, Vergleichen, Analy-
> sieren, Ordnen, Gewichten und so weiter bewegen
> wir uns ganz allmählich philosophisch fort, vom
> Einzelfall in Richtung Allgemeingültigkeit, vom Kon-
> kreten zum Abstrakten, von der zufälligen Einzel-
> wahrnehmung zum Verstehen des Wesenskerns oder
> eines Prinzips, das vielleicht dahintersteckt.

So konnten wir zum Beispiel im ersten Kapitel vom persönlichen Stein zur begrifflichen Feststellung finden: Ein
Stein ist etwas sehr Beständiges, etwas vom Ältesten und
Dauerhaftesten, was es gibt, und wenn wir diesen Gedanken jetzt noch weiter verfolgen, trägt er uns möglicher-

weise bis zum Weltganzen oder dessen Entstehung vor Urzeiten. Wenn wir die Reise (oder das philosophische Gespräch) schließlich beenden, haben wir zwar hoffentlich ein Ziel erreicht. Dieses aber unterscheidet sich grundsätzlich vom Ziel einer Schulstunde, in der ein ganz bestimmtes Faktenwissen angestrebt wird (zum Beispiel: Aus welchen Materialien bestehen Steine? Wie alt sind die Alpen?). Beim Philosophieren kennen wir das inhaltliche Ergebnis nicht schon im voraus, wir ahnen höchstens, in welcher Richtung die eine oder andere Erkenntnis liegen könnte. Oder haben Sie etwa schon einmal so genau überlegt, was Sie unter einem Stein eigentlich alles verstehen?

Das primäre (formale) Ziel ist es, wirklich *beim gewählten Thema zu verharren* (»der Weg ist das Ziel«), denn nur so kann eine *Erhellung* als zweites, ebenso wichtiges Ziel zustande kommen. Erhellen als (inhaltliches) Ziel bedeutet, daß wir hinterher schon etwas mehr von der Sache verstehen sollten als vor dem Gespräch! Nur, *worin* dieses Mehrwissen besteht, ist bei einem philosophischen Thema nicht von vornherein klar (sonst wäre es ja auch gar nicht mehr so spannend)! Ein bloßer Gedankenaustausch, auch wenn er unterhaltsam sein mag, ist noch nicht unbedingt philosophisch.

> Philosophieren bedeutet, gemeinsam im Dialog unterwegs zu sein auf der Suche nach mehr Klarheit und besserem Verständnis eines vorgenommenen Themas. Damit eine solche »Reise« gelingt, braucht es nebst der Reiselust viel »Proviant«, und für diesen sorgen wir jeweils zu Beginn des philosophischen Weges, den wir mit Kindern gehen wollen.

Wie man dabei vorgeht, erkennt man am besten an einem Beispiel.

Am Anfang steht die Erfahrung

Wenn ich beabsichtige, mit Kindern über Anfänge zu philosophieren, überlege ich mir zuerst einen »Aufhänger«, der das Interesse am Thema weckt. Dieser Einstieg soll das spontane Staunen ersetzen (oder gegebenenfalls in Gang setzen), mit dem Kinder sonst – auch ohne mein Zutun – auf philosophische Gedanken kommen.

– »*E guets Neus!*« (Prosit Neujahr!) stand zum Beispiel einmal nach den Weihnachtsferien an der Wandtafel. Meine SechstklässlerInnen freuten sich und dachten vorerst wohl einfach, ich wolle ihnen ein gutes neues Jahr wünschen, bis ich sie dann fragte: Warum sagt man das eigentlich?

Das wußten sie natürlich alle (das motiviert!), nur: Weshalb sagt man das eigentlich immer nur um diese Zeit herum? Wann würde es auch noch passen, so etwas Ähnliches zu sagen? (Ich sprach die Erfahrungen der Kinder an.) Sie fanden: Glückwünsche am Geburtstag oder wenn jemand heiratet, wenn man an eine neue Schule wechselt, immer wenn etwas Neues anfängt... Und schon waren sie mit Interesse beim Thema!

– *Etwas Neues fängt an...* wiederholte ich die letzte Antwort. Wir wollen einmal sehen, wo ihr das schon erlebt habt. Sicher gibt es ganz wichtige Neuanfänge, aber auch weniger bedeutende, die vielleicht immer wieder stattfinden, wie das tägliche Frühstück zum Beispiel, oder...

Schon kamen die Einfälle, denn da, wo alle Kinder etwas von ihren eigenen Erlebnissen beisteuern dürfen, gibt es wenig Hemmungen, und keine Antwort ist »falsch«. Um möglichst vielen eine Chance zu geben, gehört zu werden, verteilte ich Zettel, die mit Stichwörtern zu Anfangssituationen vollgeschrieben werden konnten. »Wir erleben immer wieder Anfänge…« schrieb ich jetzt an die Tafel, während die ersten Ideen schon die Zettel zu füllen begannen.

Nach wenigen Minuten verteilte ich Klebstreifen, mit denen die Kinder sich ihr Blatt an den Pulli hefteten, um dann mit ihrer »Bauchzeitung« im Zimmer herumzuspazieren. Jede/r erfuhr Beachtung, erste Gespräche fanden statt: Das habe ich auch geschrieben! Daran hab' ich nicht gedacht, aber es ist mir auch schon so ergangen wie dir. Was meinst du denn *damit?*

Wir hatten nun viele Beispiele zum Thema Anfänge gesammelt. Das ergab das konkrete Ausgangsmaterial für uns, den »Proviant« für unser Philosophieren. Weil ich für eine spätere Phase aber noch eine Diskussion über die Bedeutung der Anfänge für unser Dasein vorhatte, schlug ich nun einen weiteren Austausch mit verändertem Schwerpunkt vor:

- Wir setzten uns in einen Kreis, um einander zu erzählen: Wie erlebten wir eigentlich solche Anfänge? Wie ging es uns jeweils dabei? Welche Gefühle, welche Gedanken beschäftigten uns in den notierten Situationen?

Allmählich wurden wir uns der unterschiedlichsten Erfahrungen, die mit Anfängen verbunden sind, bewußt. Von Ängsten bis Vorfreude, von «Das schaff' ich nie!« bis «Bin ich froh, daß ich endlich ein eigenes Zimmer beziehen darf« fielen uns angenehme und schwierige Aspekte von Anfängen auf.

Dies alles dient der Auffächerung des Themas in seine vielfältigen Facetten. Wir erweitern damit unseren Horizont und werden uns plötzlich bewußt, von wie vielen Anfängen wir ständig umgeben sind.

Wir bilden uns eine Meinung

Zwei Vorgänge beschäftigen unsere Gedanken tagtäglich, meist ohne daß wir uns dessen bewußt werden: Wir versuchen einerseits Dinge, Situationen, Erlebnisse … zu *beschreiben, so wie sie sind oder waren.* Das ist eigentlich ein wertneutraler Vorgang, der (vermeintlich) objektive Tatsachen festhält, die für uns alle gleich »wahr« sein müßten. Nun mischt sich in solche Beschreibungen aber sehr oft, ohne daß wir es merken, der andere, der *bewertende oder beurteilende Vorgang.* Diese Aussagen sind jedoch fast immer als subjektive »Wahrheiten« zu verstehen.

Aus der unbewußten Vermischung von beidem entstehen viele Mißverständnisse, bis hin zum Streit. Denken Sie zum Beispiel an eine handfeste Auseinandersetzung im Kinderzimmer. Wenn Sie es nicht mehr aushalten, einfach nur zuzuhören, fragen Sie die Streithähne vielleicht, was denn eigentlich los war. »Er hat angefangen! Kam rein und hat mir einfach meine tolle Musik ausgemacht.« »Das ist ja auch die hinterletzte Band, die du dir da anhörst. Nicht zum Aushalten!« »Stimmt überhaupt nicht«, schreit sie zurück, »dir gefällt sie bloß nicht.«

Abgesehen davon, daß sich hier wieder einmal die Frage stellt, wo denn die Sache nun wirklich angefangen hat, können wir an diesem Beispiel gut sehen, wie sich subjektiv bewertende (oder beurteilende, vermutende) Aussagen mit den vermeintlich objektiv beschreibenden (es ist einfach so) mischen.

Oder ein anderes Beispiel: Es fällt beim Mittagessen die unhöfliche Bemerkung: »Dieser Spinat ist wieder gräßlich!« worauf sich die Köchin verteidigt mit den Worten: »Der ist nicht gräßlich, sondern sehr gesund.« Wer hat recht? Könnten beide recht haben? Ob ich etwas gut oder schlecht finde, ist in diesem Fall eine persönliche Meinung, ein Geschmacksurteil. Für die Gesundheit des Spinats dagegen gibt es gewisse einigermaßen objektive Kriterien, die nicht Ansichtssache sind, die aber niemanden dazu verpflichten, das Grünzeug auch zu mögen.

> Auch beim Philosophieren kommen sowohl subjektive wie objektive Aussagen vor, aber wir versuchen, uns stets darüber im klaren zu sein, ob es sich um eine Beschreibung oder um eine Bewertung handelt.

Wenn wir darüber sprechen, wo Anfänge überall anzutreffen sind, oder wenn wir eine Begriffsklärung dazu versuchen, dann sind wir (hoffentlich) in der beschreibenden Phase. Dies bedeutet, daß wir uns als Menschen mit derselben Sprache und ähnlichen Erfahrungshorizonten vermutlich einigermaßen darüber verständigen können, was ein Anfang eigentlich ist. Wir können uns dann weiter fragen, ob Anfänge etwas Gutes sind oder ob nur und immer die Redensart »Aller Anfang ist schwer« zutrifft. Hier dürften die Meinungen je nach Situation und Person auseinanderklaffen, weil es jetzt um subjektive Bewertungen geht. Beim erwähnten ersten, beschreibenden Schritt in der Klasse waren sich meine SchülerInnen darüber einig, daß es im Leben immer wieder Anfänge gibt, ja sie waren sogar überzeugt: »Es hört nie auf. Jedesmal, wenn etwas aufhört, ist das doch gerade wieder der Anfang von etwas anderem, einem neuen Lebensabschnitt oder einer neuen Zeit.« Der Basler Philosoph HANS SANER (*1934) drückte dieselbe Erkenntnis einmal so aus: Der Mensch sei nicht nur das endliche Wesen, sondern auch das anfängliche. Danach stellt sich natürlich sogleich die Frage nach der Bedeutung dieser Aussage für unser Leben. Deshalb wandten wir uns im nächsten Schritt der Bewertung zu, indem wir unsere Meinung dazu erforschten:

– *Findet ihr es gut, daß es immer neue Anfänge für uns gibt?* Nennt bitte auch die Gründe für eure Ansichten. Hier einige der Antworten: »Ich finde es gut, denn sonst würde es einem ja langweilig.« »Es geht gar nicht anders, denn man könnte sonst gar nicht überleben. Es ändert sich ja alles, da muß man sich anpassen.« »Den gelernten Beruf kann man nicht so einfach wechseln, aber wenn man arbeitslos wird, muß man vielleicht doch etwas Neues machen, und das ist schwer.« »Aber bei den Hobbys ist es gut, da kann ich immer wieder etwas Neues anfangen, wenn ich keine Lust mehr habe auf das alte.«

Ganz zum Schluß dieser Lektionsreihe stellte ich den Kindern nochmals eine bewertende Aufgabe. Dies hat sich schon bei manchem Thema bewährt, um es abzurunden, wenn sich das Interesse daran allmählich erschöpft hat. Nicht selten kommen hier nochmals ganz eigene Gedanken zum Vorschein, die zuvor einfach keinen Platz gefunden haben.

– *Wie hat es euch gefallen, so miteinander zu philosophieren?* »Ich fand es spannend, denn ich habe vorher noch nie darüber nachgedacht, was Anfänge überhaupt sind. Erst jetzt ist mir aufgefallen, wie viele es davon überall gibt.« »Ich habe auch gerade wieder einen erlebt, nämlich hier über sowas zusammen zu diskutieren.« »Ich fand es schön, darüber zu reden, weil man auch die Meinungen der anderen dazu hören konnte.«

So kann ein philosophischer »Ausflug« ablaufen
(Zusammenfassung)

1. Vorbereitung: Thema überlegen und in Form von einer oder zwei Grundfragen bereithalten:
   – Was gibt es eigentlich für Anfänge?
   – Welche Bedeutung haben sie für unser Leben?
2. Einstieg mit einem »Aufhänger«:
   – Warum wünscht man sich »e guets Neus«? (Aktualisierung des Themas)
3. »Proviant« in Form von Erfahrungen und Erlebnissen zusammentragen:
   – Wo erleben wir Anfänge? (Fakten)
   – Wie erleben wir sie? (Bewertungen)
4. Austausch darüber, so daß möglichst alle zu Wort kommen können (schriftlich, durch Brainstorming-Zettel oder mit Bauchzeitung, mündlich in Kleingruppen oder paarweise …).
5. Für ein Kreisgespräch einige Redensarten oder Hilfsfragen bereithalten, die je nach Verlauf des Gesprächs neue Anstöße zur Meinungsbildung geben können:
   – Aller Anfang ist schwer! (hinterfragbar)
   – Jedem Anfang wohnt ein Zauber inne … Stimmt das immer für euch?
   – Was ist überhaupt ein Anfang?

- Hat alles einen Anfang? Wo ist der Anfang klar, wo nicht so sehr?
- Gibt es immer wieder einen Anfang?
- Können wir Einfluß nehmen darauf?
- Findet ihr es gut, daß es Anfänge gibt? Wann, wann nicht? Weshalb?
- Hören Anfänge irgendwann auf?

6. Während der Diskussion fasse ich als Gesprächsleiterin ab und zu zusammen. Ich achte darauf, daß wir am Thema bleiben. Manchmal gebe ich auch meine Beiträge hinein, aber nur sparsam, um den Kindern mehr Raum zu lassen. Ich mache auf Widersprüche aufmerksam oder frage vielleicht nach: »Wie meinst du das?« Ich fordere dazu auf, die eigene Aussage auf eine vorherige zu beziehen, oder ermuntere die Gruppe zum Helfen: »Habt ihr verstanden, was Kathrin meint?«

7. Zum Schluß wiederhole ich die wichtigsten Erkenntnisse, die wir gemeinsam gewonnen haben.

8. Dann kann noch die Frage nach der Bewertung des Gesprächs folgen. Achten Sie darauf, daß jetzt das Thema nicht nochmals diskutiert wird, denn: Alles hat mal ein Ende, oder nicht?

Meine damaligen SchülerInnen setzten mit dem Ende gleich noch einen neuen Anfang, der uns noch lange weiter beschäftigen sollte:

»Es hört erst auf mit den Neuanfängen, wenn man tot ist!«

»Nein, wenn man tot ist, fängt doch auch wieder etwas Neues an!«

»Die Leute sagen, man käme dann zu Gott, aber man ist nicht sicher, denn man weiß ja sozusagen nichts darüber. Ob man zu einem Gott kommt ... oder auf eine andere Welt ... oder in ein anderes Land ... oder ob man wiedergeboren wird...?«

Ein ganz besonderer Anfang:
Woher kommt die Welt?

"Wie die Welt entstanden ist

Für mich hat Gott die Welt erschaffen. Aber es könnte auch anders sein. Ich habe gehört, ein Stück von der Sonne habe es weggeschleudert, und das sei die Erde. Darum ist sie immer noch warm. Wahrscheinlich hat Gott nur das auf der Erde erschaffen, z.B Menschen Tiere Pflanzen u.s.w. Es gibt vielleicht noch andere Möglichkeiten, aber die weiss ich nicht, denn ich habe sie noch nie gehört. Genau kann man das nie herausfinden, weil es schon zu lange her ist. Dennoch könnte es noch eine andere Möglichkeit geben... Wenn man mich fragen würde, was wirklich geschehen ist, würde ich am ehesten sagen: Gott hat damit nichts zu tun. Die Sonne hat sozusagen die Welt erschaffen, eben weil von der Sonne ein Stück abgespickt ist. Aber eigentlich weiss ich nicht so recht, wer für mich die Welt erschaffen hat. Vielleicht Gott, vielleicht die Sonne..."

Diese Überlegungen hat die Viertklässlerin Gaby angestellt, als wir anfingen, am Thema Schöpfung zu arbeiten. Ihre Meinung stand zu Beginn noch nicht fest, aber sie war schon dabei, sich eigene Gedanken über das zu machen, was sie bisher gehört hatte. Zu kaum einem Thema kursieren so unterschiedliche und meistens höchst emotional vorgebrachte Ansichten wie gerade zur Entstehung der Welt oder der Menschen. Da gibt es einerseits die Wissenschaftsgläubigen, die sich ganz auf die Forscher verlassen, die uns erklären, wie das damals im Laufe der Jahrmillionen abgelaufen sein soll; auf der anderen Seite stehen die wortgetreuen Bibelfreunde, die auf den sieben Tagen beharren. Kinder treffen oft schon recht früh auf Vermutungen oder Behauptungen aus beiden Lagern, und sie sind dann natürlich unsicher, wer denn jetzt die Wahrheit sagt.

> Ein klassischer Streitfall zwischen Wissenschaft und Glaube? Auf jeden Fall eine gute Gelegenheit, sich im selbständigen Denken zu üben, wie das die Zehnjährige von sich aus getan hat: Philosophieren über die Entstehung der Welt.

Zwei Einstiegsvarianten

– Die persönlichen Steine aus dem ersten Kapitel mögen uns nochmals helfen: Überlegt doch mal, wo euer Stein vor einem Monat wohl war. Oder vor einem Jahr? Und wo befand er sich vielleicht, als eure Großeltern so alt waren wie ihr jetzt? Sah er genau so aus wie heute? Wir gehen weiter und weiter zurück in der Zeit, nutzen Wissensbrocken und Phantasie und tragen alles zusammen. Da es kaum »falsche« Antworten geben kann und jedes Kind seinen eigenen Stein zum Mitspielen hat, ist die Motivation, mitzureden, recht groß.

Auch als Gesprächsleiterin steuere ich ab und zu etwas aus meinem Wissensvorsprung dazu bei, versuche aber, alles, was die Kinder vielleicht selber wissen könnten, aus ihnen herauszufragen, ganz im »Hebammen-Stil«. Wenn zum Beispiel Angaben aus der Steinzeit kommen, frage ich: Gab es denn da schon Menschen? Häuser aus Stein? Bäume? Sandstrände? Fische? Motorboote? Oder wenn wir bei der Entstehung der Berge angelangt sind: Ob es da schon Tiere gegeben hat, Dinosaurier vielleicht? Welche Pflanzen wohl? Was sonst noch?

Wenn es Ihnen wichtig ist, daß die Antworten genau stimmen, dann informieren Sie sich – mit den Kindern zusammen – durch entsprechende Bücher. Dazu gibt es nämlich noch einigermaßen gesichertes Wissen, das recht gut verständlich nachzulesen ist. Da es uns aber um prinzipiellere Fragen geht, reicht es für diesmal auch, wenn den Kindern klar wird: Lange vor den Menschen gab es Tiere, und sicher davor schon die Pflanzen, denn was hätten die Tiere sonst gefressen? Und die Steine? Die waren wohl schon viel, viel früher da. Und was war wohl das Allerallererste?

> Als Abrundung dieses Einstiegs könnten Kinder eine Geschichte erfinden und aufschreiben (sowie illustrieren) mit dem Titel: Mein Stein war dabei. Was wird er über die Entstehung unserer Welt zu berichten wissen?

– Eine andere Variante: Die Kinder suchen sich etwas von einer Pflanze, das sie schön finden, zum Beispiel ein Blatt, eine Blüte, ein Stück Rinde… Jedes legt seinen Fund zu seinem Stein.

Wir suchen nun einige Unterschiede, die auf *alle* Pflanzenteile gegenüber *allen* Steinen zutreffen, zum Beispiel: Steine sind hart, Pflanzen sind weicher. Sie sind lebendig, und brauchen Nahrung, was für Steine nicht zutrifft.

Schließlich die Frage: Was meint ihr, welche der beiden Gruppen ist älter? Wovon hat es auf der Welt zuerst einige gegeben? Dann suchen wir weitere Dinge, die wir in die Zeitskala einordnen: die Tiere natürlich (vielleicht unterteilt in Wasser- und Landtiere), die Menschen, die Gase…

»Und die Dinge aus Plastik«, wandte ein Sechstklässler ein. Ja, auch solche »Kulturgüter« passen hinein, allerdings sicher erst in die neueste Zeit, als die Menschen selber sie »erschufen«…

Vielleicht haben Sie Gelegenheit, ein Urzeit-Museum zu besuchen, wo manchmal eine Jahresuhr als Modell für die Entstehungsgeschichte der Erde zu sehen ist. Darauf kann man ablesen, daß die Erde bis in den »Oktober« hinein »wüst und leer« war, denn erst danach entstanden die ersten Algen in den Meeren. Früheste Tiere kamen im »Dezember« vor, und die Urmenschen schließlich erst in der letzten Stunde vor Mitternacht des 31. Dezember. Eine knappe »Sekunde« vor Ablauf der Jahresuhr wurde die Eisenbahn erfunden, und das ist doch schon eine ganze Weile her!

Als Abschluß dieses Einstiegs könnten wir eine modernisierte Version des Siebentage-Schöpfungsberichts der Bibel neu erzählen, vielleicht etwa so:

Bevor es irgend etwas gab, war alles dunkel. Mit einem riesigen Knall begannen dann glühende Gaswolken auseinanderzufliegen, die hell leuchteten (Es werde Licht, 1. Tag). Nun gab es den Weltraum mit vielen herumwirbelnden Lichtern darin; irgendwo auch unsere junge Erde, die damals vielleicht noch ein Teil unserer heutigen Sonne gewesen sein mag (2. Tag: Gott trennte den Himmel von der Erde). Die glühenden Gaswolken-Sterne kühlten allmählich ab, bis einige der kleineren sich wenigstens an der Oberfläche zu runzeligem Gestein verfestigt hatten: So entstanden Berge. Zusammenstöße zwischen den Himmelskörpern führten zu Zerkleinerungen, aber einige Sterne wuchsen auch an, weil sie die kleineren Brocken einfach anzogen und aufschluckten. Das sieht man noch heute an den Kratern auf den Planeten und Monden. Ein Teil der Gase wurde beim Abkühlen zu Wasser, das auf die immer noch heißen Krusten herunterregnete. Als nicht mehr alles gleich wieder verdampfte, entstanden die Meere (3. Tag: Gott schied das Wasser vom Land). Jetzt konnten dank dem Wasser erste pflanzliche Lebewesen entstehen. Tagsüber spendete die Sonne das dafür nötige Licht, nachts leuchteten, der erkaltete Mond und all die weit entfernten Sterne über dieser Urlandschaft (4. Tag: Gott setzte die Sonne an den Himmel und für die Nacht den Mond und die Sterne). Nun entwickelte sich das Leben weiter, zuerst im Wasser (5. Tag: Gott füllte das Wasser mit schwimmenden Tieren), und später krabbelten einige Seebewohner wohl ans Ufer und wurden zu Landtieren, wie das zum Beispiel die Frösche heute noch tun. (6. Tag: Gott schuf die Tiere.) Sie vermehrten sich und veränderten sich auch im Laufe der Zeit, so daß immer neue Arten daraus wurden. Ganz zum Schluß entstanden auch noch die Menschen (ebenfalls am 6. Tag, wie die Landtiere! Gott erschuf sie nach seinem Ebenbilde, als Mann und Frau erschuf er sie). Und weil die Menschen Gott eben ein wenig gleichen, schaffen sie jetzt selbst weiter und erfinden immer neue Dinge

zur Schöpfung hinzu. Ob wir über unsere »Schöpfungen«
wohl auch immer sagen können, was die Bibel uns von
Gott berichtet? Nach jedem Schöpfungs»tag« läßt sie ihn
nämlich sagen: Und Gott sah, daß es gut war.

(Zur Illustration zeigte ich meinen SechstklässlerInnen die Bilder des weiter hinten beschriebenen Buches
von MASAHIRO KASUYA, die ihnen sehr gefielen.)

Wie war das eigentlich genau ...?

Das, was ich hier beschrieben habe, läßt sich bei Kindern
ab etwa sechs, sieben Jahren (zumindest teilweise) ausprobieren. Für den Museumsbesuch oder die populär-
wissenschaftlichen Bücher kann man SchülerInnen ab
etwa zehn begeistern. Wenn mich dagegen ein Vierjähri-
ges fragt, woher die Welt gekommen sei, dann schlage ich
ihm vor, es sich doch selbst auszudenken und mir davon
ein schönes Bild zu malen. Dann darf es mir seine Phan-
tasiegeschichte erzählen, und ich kann ihm meinerseits
vielleicht ein Bilderbuch zur Schöpfung zeigen, das mir
gefällt (siehe unten). Es empfiehlt sich, dem Kind beim
Erzählen den Vortritt zu lassen, wenn wir das selbständige Denken und Phantasieren nicht mit unseren vor-
schnellen Antworten abbremsen wollen. Mehr darüber
können Sie im bereits erwähnten Buch *Die kleinen Philosophen* nachlesen.

Den Schöpfungsbericht – als Abrundung eines philosophischen Einstiegs – würde ich bis in die dritte, vierte
Klasse nur in den einfachsten Worten erzählen, etwa so,
wie sie die wunderschönen Aquarelle von MASAHIRO
KASUYA in seinem Buch von der *Schöpfung* (Wittig Verlag
1990) begleiten. Seine biblisch inspirierten Bilder eignen

sich aber zusätzlich auch für größere Kinder, die sich den »wissenschaftlich« ergänzten Text (siehe Einstieg zwei) dazu anhören. Ein erstes Ahnen, daß es Parallelen zwischen Bibel und Wissenschaft gibt, wird den jungen SkeptikerInnen (und uns) dabei hoffentlich aufscheinen.

> Jetzt wird es aber Zeit, durch Erweiterung der Information sowie vertieftes Nachdenken darüber die anfänglichen Meinungen zu differenzieren.

Dafür eignet sich gut ein anderes, für etwa Zehn- bis Dreizehnjährige höchst empfehlenswertes Bilderbuch (mit mehr Text), das die ernste Sache mit liebevollem, britischem Humor angeht. Es heißt *Wunderbare Welt* und stammt von NICK BUTTERWORTH und MICK INKPEN (Oncken Verlag 1990/1993). Mit witzigen Zeichnungen, Aufklappbildern und weiteren Gimmicks zeigen die Autoren die phantastische Vielfalt der Schöpfung, wie sie sich vom ganz Einfachen, Ursprünglichen (Licht) zum Hochkomplexen (Menschen) entwickelt. Zum Schluß wird dann noch freundlich und ohne Zeigefingermoral dazu ermahnt, ernsthaft an den großen Problemen zu arbeiten, die wir Menschen dieser wunderbaren Welt verursacht haben und verursachen.

Mit diesem anregenden Buch kann in den nun folgenden Schritten des Sammelns und Vergleichens von Informationen weitergearbeitet werden. Ich denke dabei vor allem an Kinder ab etwa zehn Jahren, die dem Märchenalter schon etwas entwachsen sind, oder an Jugendliche, die es lieber mit der sogenannt »wirklichen« Welt zu tun haben wollen. Sie sind an handfesten Fakten meist mehr interessiert als an mythischen Erklärungen. Aber:

Müssen sich Mythen und »Tatsachenwissen« wirklich widersprechen? Dies gilt es beim Philosophieren über die Schöpfung nun zu überlegen. Bei größeren Schulkindern geht es deshalb im nächsten Schritt um das Kennenlernen und Verstehen von verschiedenen Weltentstehungsmodellen. Nur wer richtig darüber informiert ist, kann vergleichen und zu einer fundierten eigenen Meinung finden.

Exkurs

Ein paar Fakten zu den Mythen

Des öfteren begegnet mir bei Erwachsenen die Aussage: »Ich glaube eben einfach an das, was die Bibel dazu sagt.« Nicht ohne etwas Boshaftigkeit frage ich dann manchmal nach: »Und wie steht es denn dort genau?« Wüßten Sie die Antwort? Wenn Sie nachsehen, finden Sie mindestens drei recht verschiedene Varianten! Ganz am Anfang, im ersten Buch Mose (Genesis), also im Alten Testament, stehen zwei davon gleich hintereinander (Gen. 1,1–2,4a und Gen. 2,4b–25). Sie enthalten aber beträchtliche Unterschiede, sowohl dem Inhalt wie der Form nach.

Die moderne Bibelforschung schreibt die Niederschrift des ersten Genesis-Textes den jüdischen Priestern im babylonischen Exil zu (6. Jh. v. Chr.); den zweiten Text datiert sie etwa 600 Jahre früher, in die Zeit, als die jüdischen Stämme noch als Nomaden in der Wüste umherzogen. Die dritte Version wurde erwiesenermaßen im ersten Jahrhundert nach Christus verfaßt, ist also etwa 600 be-

ziehungsweise 1200 Jahre jünger und steht am Anfang des Johannes-Evangeliums, also im Neuen Testament. Sie haben die ersten Zeilen davon unter meiner Kapitelüberschrift gelesen. Die Juden glauben an den Schöpfungsbericht des Alten Testaments und ergänzen ihn mit Legenden um Adam und Lilith, die vor Eva die erste Frau gewesen sein soll.

Auch Christen beziehen sich meistens auf die zwei Texte der Genesis, denn jener von Johannes ist sehr abstrakt und noch schwerer verständlich als die beiden alten Mythen. Dabei scheint es weder Christen noch Juden zu stören, daß die beiden Berichte von völlig verschiedenen Weltbildern ausgehen: Im ersten ist es das wissenschaftlich recht fortschrittliche babylonische Bild vom allgegenwärtigen, Leben ermöglichenden Wasser, das aber oft auch als Bedrohung erlebt wird (im Zweistromland gab es viele Überschwemmungen; wenn Gott die Schleusen des Himmels öffnet, kann es sogar zur Sintflut kommen!); im zweiten dagegen ist es ein Weltbild der Wüste, wo Wasser so rar ist, daß noch kein Grashalm wächst zu der Zeit, als Adam aus Lehm »gemacht« wurde.

Auch die Erschaffung des ersten Menschen wird widersprüchlich geschildert: Im jüngeren Bericht schuf Gott einfach »Menschen« (das hebräische Wort »Adam« hat die Bedeutung von »der Mensch«, aber ebenso von »die Menschen« oder einfach »die Menschheit«, womit das Problem, wo Adam denn seine Schwiegertöchter herbekommen haben sollte, wenn er und Eva die einzigen Menschen gewesen wären, gelöst ist). Nur in der zweiten, älteren Erzählung aber kommt die Sache von der Rippe vor (was wörtlich lediglich bedeutet: Eva hat denselben »Bauplan« – von »Rippe« = »Gerüst« – wie Adam), und Adam soll das erste Lebewesen überhaupt gewesen sein, das Gott erschuf. *Pflanzen und Tiere kamen erst danach zu Adams Erbauung hinzu, und Eva ganz zuletzt, weil kein anderes Lebewesen gut genug zu Adam zu passen schien (weil eben keines aus seinem Fleisch und Blut, beziehungsweise seiner Rippe, war).* Diese Reihenfolge steht jedoch im krassen Gegensatz zu dem naturgeschichtlich eher als »richtig« anmutenden Sieben-Tage-Beschrieb aus Babylon.

Bei so großen Unterschieden liegt es nahe, die Geschichten nicht unbedingt wörtlich zu verstehen (erst recht ist das nicht möglich bei der gänzlich vergeistigten Version des Johannes), sondern wir sollten wohl eher nach dem gemeinsamen Kern, nach der gemeinten Botschaft dahinter suchen. Dies ist um so notwendiger, wenn wir mit Kindern darüber sprechen wollen, denn keine der drei biblischen Geschichten wurde für Kinder aufgeschrieben! Wenn wir sie ihnen trotzdem weitergeben wollen, müssen wir Erwachsenen uns zuerst darum bemühen, sie wirklich zu begreifen und zu verstehen, weshalb Menschen von so weit auseinanderliegenden Zeiten und Welten zu ihren so unterschiedlichen Aussagen kommen konnten. Dies sind einige der »Fakten«, die Kinder für ihre eigene Theoriebildung von uns brauchen.

Hilfe zum Verständnis der tieferen Aussage vieler Schöpfungsberichte (auch solcher ganz anderer Kulturen und Völker) bietet ein illustriertes Jugendbuch von ESTHER BISSET und MARTIN PALMER. Es heißt nach dem Mythos der australischen Aborigines: Die Regenbogenschlange – Geschichten vom Anfang der Welt und von der Kostbarkeit der Erde *(Zytglogge Verlag und WWF Schweiz 1987).*

Daß die Erde in ihrem Naturzustand ein unerhörtes Geschenk für die Menschheit ist *(das allerdings durch die Gier und Unvernunft vieler Nationen der sogenannten »ersten Welt« – der weißen Christenheit, muß man hier* leider sagen – aufs grausamste vergiftet und ausgebeutet wurde), ist die gemeinsame Aussage der meisten Schöpfungsmythen. Jedes Volk erklärte damit schon in frühesten Zeiten auf seine Weise, wie es zu der wunderbaren Welt, in der man lebt, gekommen ist. Wenn es uns gelingt, Kinder dieses Gefühl des Beschenktseins erfahren, erkennen und ausdrücken zu lassen (zum Beispiel durch Naturbegegnungen und vorgelebte Ehrfurcht vor allem Dasein, selbst wenn es »nur« ein Stein ist), dann spielt es meines Erachtens überhaupt keine Rolle mehr, welche der verschiedenen Erklärungsmodelle wir beiziehen. Es können die märchenhaften Phantasiegespinste von Vorschulkindern sein oder die ahnungsvoll zusammengereimten Konstrukte von Schulkindern oder eben uralte Mythen von verschiedenen Völkern. Selbst wenn wir von der Theorie des Urknalls und der späteren Evolution des Lebens nach Naturgesetzen ausgehen, mindert dies keinesfalls das Staunen über die Erhabenheit des Schöpfungsgeschehens, in das wir eingebettet sind, und wir brauchen uns auch nicht unchristlich vorzukommen, wenn wir uns zum Beispiel die Ehrerbietung, welche indianische Völker aufgrund ihrer Vorstellung von Mutter Erde der Natur entgegenbringen, zu eigen machen. Wer sich aber ausschließlich und wortgetreu nur an den einen Bibeltext hält, wird sich von jungen Menschen zu Recht kritische Fragen gefallen lassen müssen. Allein schon die »sieben Tage« klingen (nicht nur) in jungen Ohren unwahrscheinlich: »Die Leute meinen immer, das seien sieben Menschentage, wie bei uns heute. Gott ist doch aber viel größer als die Menschen, also waren das doch bestimmt auch größere Tage, eben ›Gottestage‹.« So erklärte es mir eine Sechstklässlerin recht resolut, und ich finde, sie hat das sehr weise ausgedrückt.

In seinem Buch *Aus meinen späteren Jahren* vertritt der Physiker **Albert Einstein** (1879–1955) die Auffassung, daß Religion und Naturwissenschaft sich nicht notwendigerweise ausschließen müssen. »Denn die Wissenschaft kann nur feststellen, was ist, nicht aber, was sein soll; Werturteile jeder Art bleiben notwendig außerhalb ihres Bereichs. Die Religion aber hat nur mit Wertungen menschlichen Denkens und Tuns zu schaffen; ... Wenn demnach die Gebiete von Religion und Wissenschaft an sich sauber getrennt sind, so bestehen doch zwischen beiden starke Wechselbeziehungen und Abhängigkeiten. ... Man kann den Sachverhalt durch ein Bild ausdrücken: Wissenschaft ohne Religion ist lahm, Religion ohne Wissenschaft ist blind.«

Und die Fakten der Wissenschaft?

Es würde zu weit führen, hier auch noch ins Detail zu gehen. Von Sachbüchern zu Sternen und Kosmos über Fernsehsendungen zur Entstehung der Welt bis zu Sternwarten, Planetarien und Planeten-Wanderwegen hat man heute, selbst für Kinder, viele taugliche Möglichkeiten, sich zu informieren. Nur auf ein Bilderbuch für Kinder ab etwa zehn Jahren möchte ich Sie noch besonders hinweisen, weil es die Weltbilder, die immer hinter den Schöpfungsgeschichten stehen, in ihrer Entwicklung durch die Zeiten sehr anschaulich und vergnüglich darstellt: Es heißt Wie groß ist die Erde? *und ist von* Dimiter Inkiow *und* Rolf Rettich *verfaßt (Orell Füssli 1993). Von Walfischen oder Elefanten, welche die Erde auf ihrem Rücken tragen sollen, bis zur heutigen Vorstellung vom Raumschiff Erde erfahren Kinder hier, wie die Menschen sich die Welt vorstellten. Sie lernen auch, daß man früher* nicht dümmer war, als wir heute sind, sondern es fehlten ganz einfach die nötigen Instrumente und Methoden, um zu erkennen, was wir heute dank Fernrohren, Meßgeräten, Satelliten und Computern alles wissen können. Zugleich wird aber auch klar, daß uns trotz der weitreichenden Forschungsmöglichkeiten noch immer die Bescheidenheit des SOKRATES angemessen wäre, der gesagt haben soll: »Ich weiß, daß ich nichts weiß« (zumindest im Vergleich zu all dem, was es zu wissen gäbe). Die Relativität unseres so stolz daherkommenden Wissens sollte uns deutlich werden, und wir müßten erkennen, daß selbst vermeintlich sicherste Fakten letztlich immer auch ein Element des Glaubens beinhalten. Oder ist es vielleicht umgekehrt, und jeder Glaube fußt in der Tiefe in einem urzeitlichen Wissen?

In Indien erzählt man sich, daß Brahma, der Schöpfer, jeden Tag die Welt neu erschaffe. Abends wird sie jeweils vom im Flammenkreis tanzenden Gott Shiva, dem Zerstörer, vernichtet, um am nächsten Morgen dann wieder neu zu entstehen. Das wiederholt sich so lange, bis ein ganzes Brahma-Leben um ist.

Völlig überrascht haben mich ein paar Zahlen in diesem Zusammenhang: Unsere Wissenschaft schätzt das Alter der Erde auf etwas über vier Milliarden Jahre. Nun raten Sie, was die Inder über die Länge eines einzigen Brahmatages denken? Für Brahma sei ein Tag länger als vier Milliarden von unseren Jahren! Wann wird wohl seine Nacht beginnen und damit Shiva das Ende unserer Erde herbeitanzen?

Noch sind wir aber unterwegs auf unserer gemeinsamen philosophischen Reise! Zu einem Schluß kommt jedoch dieses Kapitel über Anfänge. Wie wir mit der gesammelten

Information über das Thema Schöpfung (oder irgendeine andere bedeutsame Frage) weiterphilosophieren, habe ich zwar erst ansatzweise beschrieben. Dafür haben Sie nach den ausführlichen Einstiegsideen schon viel erfahren über das Zusammentragen des »Proviantes«, und jetzt reisen wir weiter zur dritten Station!

Weiterführende Literatur

Zum Philosophieren anhand von Geschichten

HELMUT SCHREIER: *Himmel, Erde und ich – Geschichten zum Nachdenken über den Sinn des Lebens, den Wert der Dinge und die Erkenntnis der Welt*, Agentur Dieck, Heinsberg 1993.

Das Begleitbuch dazu:
HELMUT SCHREIER: *Über das Philosophieren mit Geschichten für Kinder und Jugendliche – Fragen, Antworten, und noch mehr Fragen auf der Suche nach Zeichen im Labyrinth der Existenz.*
Die Kurzgeschichten des deutschen Pädagogen und Kinderphilosophen Helmut Schreier sind so beschaffen, daß sie unweigerlich interessante philosophische Gespräche entfachen, zum Beispiel über die Bedeutung von Zeit und Ewigkeit, über die Endlosigkeit des Raums, über mögliches Leben anderswo als auf der Erde oder über die Urpflanze, um nur einige der in unser Kapitel passenden Themen zu nennen. Schreier schlägt auch Aktivitäten zu jeder Geschichte vor, die dazu führen sollen, daß die Kinder mehr von einer angeschnittenen Frage begreifen können.

Zu Himmel, Erde, Raum und Zeit

TRINH XUAN THUAN: *Die Geburt des Universums,* Ravensburger Buchverlag 1993, aus der Reihe »Abenteuer Geschichte«.
Der berühmte Astrophysiker weiß die modernsten und schwierigsten Erkenntnisse der Wissenschaft auf eine Weise zu er-

klären, daß auch Laien ganz viel davon haben. Reich illustriert mit Fotos, Abbildungen, Modellen, Zeichnungen... Auch für interessierte Jugendliche geeignet.

JEAN-PIERRE VERDET: *Der Himmel – Ordnung und Chaos der Welt*, aus derselben spannenden Reihe von Ravensburger 1991.
»Seit der Mensch denken kann, versucht er sich Naturerscheinungen wie Tag und Nacht, Wind und Wetter, Mondphasen und Sonnenfinsternisse zu erklären. So entstehen Mythen über den Ursprung der Phänomene. Und auch wenn die Mythen heute zumeist von naturwissenschaftlichen Erklärungen abgelöst sind, spiegeln sie doch den immerwährenden Wunsch des Menschen nach einer begreifbaren göttlichen Ordnung der Welt wider.«

LINCOLN BARNETT und REDAKTION VON »LIFE« (Hrsg.): *Die Welt, in der wir leben*, Droemer und Knaur Nachf. 1956 (!).
Ein prächtiger Bildband mit Fotos und Gemälden über die Urzeit, über die großen Naturphänomene und den Kosmos, die mich schon als Kind faszinierten und die kaum an Aktualität eingebüßt haben. Wo sind wohl noch Exemplare vorhanden?

Für Kinder geeignete Bücher zum Thema

HANS J. ZEIDLER: *Planeten und Raumfahrt*, Loewe Verlag 1993, aus der Sachbuchreihe »Frag mich was«.
Geeignet für Raum-ExpertInnen ab 12 Jahren.

NORMAN HOSS: *Die Sterne*, Neuer Tessloff Verlag 1972/ 1993, aus der »Was ist was?«-Reihe.
Unser Kosmos und seine Entstehung, anschaulich erklärt und illustriert für Kinder ab etwa 10 Jahren.

JÜRG SCHUBIGER: *Als die Welt noch jung war*, Beltz Verlag 1995.
Ein Stück Kinderliteratur, das, kaum erschienen, bereits ausgezeichnet wurde (vom International Board on Books for Young People). Mit Recht, denn es regt jede/n an zu lebendigem, lust-

vollem Mit- und Selberdenken! Der Klappentext sagt: »Die Tür zwischen Alltäglichem und Fantastischem ist weit geöffnet. Jedes Kind, jung oder alt, kann eintreten und etwas erleben. Beim Immerweiterlesen und Vorlesen kann die Welt neu entdeckt werden: die Menschen, die Tiere, Himmel und Erde und all das, worüber man nicht reden kann.«

MASAHIRO KASUYA: *Jan wundert sich,* Wittig Verlag 1987.
Ein weiteres wunderschönes Bilderbuch des Japaners Kasuya, das den kleinen Jan auf eine philosophische Reise mitnimmt: Sie beginnt mit Jans Staunen über das kleine Blümchen vor seinen Füßen und führt ihn gedanklich bis ins Weltall und zu Gott: »Vielleicht ist Gott so hell, daß ihn niemand sehen kann, dachte Jan, noch leuchtender als die hellste Sonne ... und Jan freute sich, daß er auf der Erde lebte, wo es so schöne Dinge gibt wie diese kleine Margerite.«

HELME HEINE: *Samstags im Paradies,* Middelhauve Verlag 1992.
Ein herzerwärmendes Bilderbuch, das humorvoll und klug von der Erschaffung des ersten Menschenpaares erzählt, denen der liebe Gott zum Schluß sein herrliches Paradies schenkt. Wir erfahren dabei auch gleich noch, wozu wir Arme, Beine, Kopf und Herz – ein großes Herz! – bekommen haben...

JOSTEIN GAARDER: *Durch einen Spiegel, in einem dunklen Wort,* Hanser 1996.
Die todkranke vierzehnjährige Cecilie wird in ihren letzten Tagen und Nächten vom Engel Ariel begleitet. Es entspinnen sich tiefsinnige Gespräche über die diesseitige und die jenseitige Welt, und Cecilie erfährt auch, wie das mit den ersten Menschen im Paradies damals gewesen sein könnte. (Siehe auch im 4. Kapitel unserer Reise, was Kindern zu dieser Geschichte eingefallen ist.)

3. Kapitel

MENSCH SEIN?
MENSCH WERDEN!

Ich bin und weiß nicht wer.
Ich komm, weiß nicht woher.
Ich geh, weiß nicht wohin.
Mich wundert's, daß ich so fröhlich bin.

Miteinander unterwegs:
Wer bin ich eigentlich? Und wer bist du?

Die wiederkehrenden Fragen der Menschen: Woher kommt die Welt? Woher kommen *wir?* Aber auch: Was wird dereinst aus uns, wohin gehen wir? Und schließlich: *Wozu* sind wir auf dieser Welt, weshalb gerade als diese Person, die wir sind? *Wissen* wir denn überhaupt, wer wir sind? Dies kleine Gedicht oben, das MARTIN LUTHER oder auch MATTHIAS CLAUDIUS zugeschrieben wird, vereint die großen Fragen der Menschen, die selbst kleine Kinder auf ihre Art schon stellen: Warum heiße ich Hanna? Weshalb bin ich ein Mädchen? Wieso habe ich rote Haare? Oder: Wo war ich, bevor ich auf die Welt kam, bevor ich in deinem Bauch war? Und: Was ist, wenn man tot ist? Wird man dann ein Engel? Kommt mein Meerschweinchen auch in den Himmel?

Nur die Fragen nach dem Sinn, danach, was uns im Leben denn eigentlich »fröhlich« mache, habe ich noch selten von Vorschulkindern gehört. Der Grund dafür ist vermutlich, daß wir in diesem Alter noch die Gabe besitzen, das Glück ganz einfach zu *leben*. Sinnfragen sind zwar schon da (vergleiche *Exkurs* im 1. Kapitel), aber sie richten sich auf die beinahe unendlichen Einzelerfahrungen, die ein neues Erdenkind machen kann und die in einen Zusammenhang gebracht werden wollen. Erst wenn wir dann um die Pubertät herum anfangen, *uns selbst* in Frage zu stellen, tauchen die umfassenderen Sinnfragen auf: Wozu das alles? Ist doch eh alles egal, oder? Wofür lebe ich denn überhaupt?

> Als kleine Kinder sind wir sozusagen noch im Paradies. Mit zunehmendem Wissen wachsen wir aber aus ihm heraus (mythisch gesprochen: weil wir vom Baum der Erkenntnis essen), und das Leben wird uns plötzlich doppelt fragwürdig. Zu den vielen Fragen nach dem Wie unseres Daseins kommt jetzt noch die ganz große nach dem Wozu.

Was heißt das eigentlich, sich nach dem Lebenssinn zu fragen? Bedeutet es nicht, daß wir den Sinn, die Richtung, den Weg einfach nicht mehr so selbstverständlich kennen, wie ihn jedes andere Lebewesen für sich zu »wissen« scheint? Und weshalb ist das so? Wie kam es dazu? *Hat dies etwas mit unserem Menschsein zu tun?*

Wie oft habe ich schon meine Katzen beneidet, die sich niemals mit gravierenden Zweifeln herumzuschlagen scheinen. Sie fressen, wenn sie etwas bekommen, sie schlafen, wenn ihnen danach ist, vielleicht ärgern sie sich auch manchmal, wenn die Haustür nicht offensteht, aber das scheint auch schon das größte »Problem« zu sein, dem sie sich je stellen müssen. Sich stellen? So kann man das wohl kaum nennen! Wenn die Tür trotz lautem Miauen nicht aufgeht, dann läßt man eben den Spaziergang und tut so, als wäre er gar nicht so wichtig gewesen!

80

Und den Hintern gegen mich gerichtet, macht man sich auf meinem Schreibtisch breit.

Und wie stelle *ich* mich an, wenn mir im Leben ein Hindernis begegnet? Ich versuche natürlich alles Mögliche, um es zu überwinden. Ich ziehe sämtliche Tricks aus der Schublade, versuche es mit Kraft oder Schlauheit, mit Jammern und Betteln, manchmal sogar mit philosophisch differenzierten Überlegungen! Wenn ich es schaffe, dann bin ich glücklich, das Leben ist lebenswert, und alles ist wunderbar. Wenn nicht, dann kommen die erdrückenden Fragen: Warum muß das ausgerechnet *mir* passieren? Weshalb geht das nicht so, wie *ich* es will? Hat das alles überhaupt einen Sinn? und ich bin dem Verzweifeln nahe.

Ein seltsames Wort: »Ver-*zwei*-feln«! Wieso »zwei«? Wovon gibt es denn »zwei«, wenn ich wieder einmal am »Zwei-feln« bin?

Zwei (oder mehr) Möglichkeiten, etwas zu tun? Die Alternativen, überhaupt etwas zu tun oder es zu unterlassen? Die Qual, das kleinere von zwei Übeln zu wählen? Mich für oder gegen das Leben einzustellen? Im Extremfall könnte das Verzweifeln mich vielleicht sogar an den Rand des Suizids treiben. Wäre es denkbar, daß ein Tier auch so weit ginge? Man kennt jedenfalls keine gesicherten Fälle dazu. Wo manchmal von (kollektivem) Selbstmord gesprochen wird, wie beim Zug der Lemminge über die Klippen, erweist sich die Sache beim genaueren Hinsehen als instinkthaft automatisiertes Verhalten der Tiere und keineswegs als das Ergebnis von verzweifeltem Nicht-mehr-weiter-Wissen, Nicht-mehr-weiter-Wollen. Also ist Verzweiflung vielleicht doch ein prinzipiell menschliches Problem, das damit zusammenhängt, daß für uns der Lebensweg voller Ab-zwei-gungen ist, an denen wir eine Entscheidung treffen müssen. Und selbst wenn wir das *nicht* tun, haben wir uns *dennoch* entschieden, und zwar dafür, uns vor dem Entschluß zu drücken.

> Mensch sein bedeutet demnach, immer wieder Entscheidungen treffen zu müssen. Um aber einen Entscheid fällen zu können, brauche ich eine Ausrichtung auf ein Ziel hin. Ich muß mich orientieren, das heißt nach der Richtung, dem *Sinn* fragen.

Soweit finde ich das meiste durch alltägliche Erfahrungen bestätigt. Meine Gedanken wandern jetzt aber weiter: Woher kommt diese *condition humaine,* wie es die Philosophin JEANNE HERSCH (*1910) nennt, diese Grundbedingung unserer Existenz?

Es muß etwas mit dem Schöpfungsprozess zu tun haben, dem wir uns im letzten Kapitel angenähert hatten. Ein Prozeß, der bei dem göttlichen *Einen* (dem Grenzenlosen, nicht Faßbaren, dem Mysterium »Gott«) begann, indem diese Ein-heit, dieser Eine »sprach«: Es werde Licht! »Er« trennte das Licht von der Finsternis, und es entstand die erste Zwei-heit! Und dies war nur der Anfang! Es folgten Schritt für Schritt weitere Teilungen, ähnlich wie sich eine befruchtete Eizelle in zwei, vier, acht, sechzehn… identische Zellen teilt, bis diese Zellen plötzlich »beschließen«, sich zusammenzutun zu einem Herzen, einem Auge, einem Fingernagel…

Sehen Sie sich doch den Siebentage-Bericht noch einmal dahingehend an! 1. Tag: hell und dunkel. 2. Tag: Die Urwasser werden geteilt in die Wasser *über* der Feste des Himmels und *darunter.* 3. Tag: Land und Wasser teilen sich auf der Erde (unten), und am 4. Tag teilt Gott Sonne und Mond dem Tag- und Nachthimmel (oben) zu. Am 5. Tag folgen (unten) die Fische im Wasser und (oben) die Vögel im Luftraum, und am 6. Tag entstehen alle Landtiere und die *Menschen!*

»Als Mann und Frau schuf er sie.« Ist dies die letzte Zweiteilung? Aber nein! Wir haben zwei Beine, zwei Arme, zwei Augen, Ohren, Hirnhälften … und manchmal sogar »zwei Seelen, ach, in der Brust«!

Bis auf diese letzte Zweiheit teilen wir die Doppelheit und Symmetrie weitgehend mit Tieren von einem gewissen Entwicklungsstand. Auch sie sind zweigeschlechtlich und müssen, um sich zu vermehren, zuerst wieder eins werden. Nur so kann der neue Schöpfungsakt durch die Befruchtung (»Es werde!«) und die Zellteilungen (»Gott trennte …«) von neuem beginnen.

Nach der geschlechtlichen Zweiteilung gibt es aber noch eine weitere: in Körper und Seele. Ob Tieren diese Stufe auch zugesprochen werden kann, war und ist zum Teil auch heute noch umstritten. Es hängt wohl davon ab, wie man diese Seele definieren will. Ziemliche Einigkeit herrscht allerdings darüber, daß Tiere nicht, wie GOETHES *Faust*, Probleme mit zwei Seelen hätten! Nur wir Menschen kennen demnach diese letzte (?), innerliche Teilung, die natürlich die Zerrissenheit meint, die wir empfinden, wenn wir nicht wissen, wie wir uns entscheiden sollen, eben wenn wir dem *Ver-zwei-feln* nahe sind.

Aber worin besteht denn diese innere Zweiheit? Ist es wirklich die *Seele,* die sich verdoppelt hat, oder kommt beim Entscheiden nicht eher der *Geist* ins Spiel? Und was ist der Unterschied?

»Etwas Seltsames ist mir noch in den Sinn gekommen: Sobald die Sonne Schatten wirft, entstehen neue Objekte. Zum Beispiel der Schatten eines Baumes wird plötzlich auch ein Baum; eine ganze Stadt verdoppelt sich; jeder Mensch, der an die Sonne geht, hat plötzlich eine Zwillingsschwester oder einen Zwillingsbruder.«

(Rahel, 14 Jahre)

Ist »Geist« dasselbe wie die Seele? Oder ist er ein Teil der Seele? Oder die Seele ein Teil des Geistigen? Und das Geistige im Menschen dasselbe wie der »Heilige Geist«?

Um die ursprüngliche Frage, was denn »Mensch sein« bedeute, weiter zu ergründen, reicht es also nicht, von der Körper-Seele-Zweiheit auszugehen. Wir müssen den Geist mit einbeziehen, weil dieser vermutlich etwas mit den »zwei Seelen«, das heißt mit unserer Entscheidungsproblematik, zu tun hat. Das hat auch die modernen Anthropologen interessiert, und bei ihren philosophischen Untersuchungen sind sie auf eine weitere Zweiteilung gestoßen, die sie die *Subjekt-Objekt-Spaltung* des Geistes nennen. Damit ist gemeint, daß wir Menschen nicht nur Bewußtsein haben, sondern außerdem noch ein Bewußtsein unserer selbst, das Selbst-Bewußtsein.

> Wir Menschen sind nicht nur geistige Subjekte, sondern wir sind uns, indem wir über uns selbst und unser Handeln nachdenken können, ein zweites Mal als Objekte gegeben.

Wir haben gesehen, daß Menschen unzählige Gelegenheiten bekommen, sich zu entscheiden. Dank dieser geistigen Freiheit können wir das Leben nach eigenem Gutdünken *gestalten,* statt einfach in den Tag hinein zu leben. Wir sind sogar zu dieser Freiheit *verurteilt,* wie es der Existenzphilosoph JEAN-PAUL SARTRE (1905–1980) ausdrückte, denn wenn wir die Entscheidungsfreiheit nicht wahrnehmen, verfehlen wir das eigentliche Menschsein, die menschliche Bestimmung. Nur wer über sich selber nachdenkt, *handelt bewußt* und *führt* damit sein Leben, während die Tiere (und kleine Kinder) es eben einfach nur *leben.*

Wir haben also die Zweiteilung als Grundprinzip der gesamten Schöpfung erkannt und bis in den Menschen hinein verfolgt. Sagt uns der biblische Mythos vielleicht auch etwas darüber, wie es zu der folgenschweren, typisch menschlichen, innerpsychischen oder geistigen Zweiteilung gekommen ist? Wir müssen dafür auf das Bild des Sündenfalls zurückgreifen, denn dieses zeigt uns den eigentlichen *Augenblick der Menschwerdung:* Die »ersten Menschen« im Paradies glichen nämlich eher noch den höheren Säugetieren oder den kleinen Kindern. Wie diese gingen sie noch nackt umher, ohne unnötiges Schamgefühl. Neugierig, naiv und verspielt, wie Kinder nun eben sind, aßen sie dann eines Tages von der verbotenen Frucht des Baumes der Erkenntnis von Gut und Böse! Und genau dieser Akt beendete das Paradies ihrer

Kindheit (oder auch ihr naturhaftes, tierähnliches Dasein). Sie *wußten* von da an um die Gegensätze von Gut und Böse, sie erkannten sich als Paar und bedeckten ihr Geschlecht (das sie zur »Schöpfung« von neuen Menschenkindern befähigt, das heißt Gott ähnlich macht), sie *lernten*, daß sie eine *Entscheidung* getroffen hatten, die sie von Gott »absonderte« (das Wort ist verwandt mit dem Wort »Sünde«!), und sie *begriffen*, daß sie sterbliche Wesen waren.

> Man könnte also sagen, daß diejenigen tierähnlichen Wesen in grauer Vorzeit, die das Selbstbewußtsein, die Erkenntnis ihrer Sterblichkeit sowie das Verständnis von Gut und Böse »entdeckten«, daß *sie* die »ersten Menschen« in der sich immer noch weiter entfaltenden Schöpfung waren.

Hinter diesen Schritt aus dem Paradies ins menschliche Leben hinaus gibt es für uns kein Zurück. Wir haben dadurch die kindliche Selbstverständlichkeit des Daseins verloren, um dafür eine Freiheit der Entscheidung zu gewinnen, die uns lebenslang zur großen Aufgabe geworden ist. Jedes Kind gelangt in seiner Entwicklung an den Punkt, wo es diese moralische Bedingung erkennt. Dann wird es lernen müssen, mit ihr umzugehen, und es wird bestimmt auch nach dem Lebenssinn zu fragen anfangen!

Ein philosophisches Gespräch leiten

Mit Absicht war ich diesmal am Kapitelanfang etwas ausführlicher. Ich möchte Ihnen nämlich anhand dieses Textes zeigen, wie ein philosophisches Gespräch methodisch ablaufen kann. In der Vorstellung führte ich deshalb einen Dialog mit einigen Erwachsenen, die später mit Kindern über unser Menschsein philosophieren und dies daher zuerst einmal für sich selber ausprobieren wollten.

> An den Anfang stelle ich immer eine klare Grundfrage, die wir uns zur Erörterung vornehmen, hier also: Was bedeutet es, Mensch zu sein?

Dazu überlege ich mir ein paar Unterthemen, die zu der Frage gehören dürften, zum Beispiel:
- Was hat die Frage nach dem Sinn mit dem Menschsein zu tun?
- Wie ist es dazu gekommen, daß der Mensch so ist, wie er ist?
- Wie paßt, was wir über die Welterschaffung erarbeitet haben, zur Entstehung des Menschen?

> Dann erfolgt der Einstieg über eine allgemein verbreitete Erfahrung der Teilnehmenden, um möglichst alle am Thema zu interessieren: Wer hat sich schon einmal die Sinnfrage gestellt?

Auch hierzu halte ich ein paar Unterfragen bereit:
- In welcher Situation fragt ihr danach?
- In welchen Lebensphasen treten Sinnfragen auf?
- Wie ist das bei Vorschulkindern, wie bei Pubertierenden?
- Glaubt ihr, daß Tiere sich auch damit herumschlagen? Warum/warum nicht?

Dies ist der Schritt, mit dem Erfahrungen der Teilnehmenden zusammengetragen werden, das Sammeln von »Proviant« für die philosophische Reise.

Da ich das vorgestellte »Gespräch« innerlich ja allein führte, habe ich Ihnen meine eigenen Beiträge zu diesen Fragen aufgeschrieben. Ich stieß dabei auf ein Wortfeld, das mich stutzig machte: Zwei, Zwei-fel, Ver-zwei-flung.

> Oft kommt es vor, daß ein Wort genauer untersucht werden muß, bevor die eigentliche Frage weiterverfolgt werden kann, hier das Wort »zwei«.

Die Beschäftigung mit dem Wort brachte die Erkenntnis, daß Verzweiflung mit der Zerrissenheit zu tun hat, wenn man sich nicht entscheiden kann zwischen zwei Möglichkeiten, weil einem der Sinn abhanden gekommen ist. Es wurde auch klar, daß nur der Mensch damit konfrontiert ist. Damit haben wir auf dem Umweg über die Begriffsarbeit eine Teilantwort auf die Hauptfrage (Was bedeutet es, Mensch zu sein?) gefunden.

> Ich mache auf Zwischenergebnisse aufmerksam, und dann nehmen wir den nächsten Schritt in Angriff: *Wie kam es wohl zu dieser »condition humaine«?*

Wir beginnen mit Vermutungen darüber, wobei ich bei einem wirklichen Gespräch darauf achte, den Teilnehmenden (beziehungsweise den Kindern) den Vortritt zu lassen. Nur wenn eine Gruppe nicht von selber darauf kommt, weise ich von mir aus zum Beispiel auf vorgängig (wie im 2. Kapitel) erarbeitete Fakten hin, oder ich rege die Suche danach an.

Meine These lautete nun, daß der ganze Schöpfungsvorgang auf eine sich stets wiederholende Zweiteilung hinausläuft.

> Wir bilden Hypothesen, die dann gemeinsam
> überprüft werden.

Die Untersuchung ergab, daß es sich beim Menschen um eine ganz besondere Zweiteilung handelt, die ihn irgendwie innerlich spaltet und die bei Tieren in dieser Art nicht anzutreffen ist. Das neue Element »Geist« (in sich auch wieder zweigeteilt) eröffnet zwar Freiraum für Entscheidungen, aber es besteht auch die Gefahr des Zerrissen-Werdens. Diese Erkenntnis läßt Verbindungen zur Diskussion über Verzweiflung und Sinn zu, auf die ich als Gesprächsleiterin hinweise, falls die DialogpartnerInnen nicht selber darauf kommen sollten.

Manchmal bringen uns Aussagen einer Fachperson weiter, wenn wir sie kritisch in unsere Überlegungen mit einbeziehen.

Ich gab daher die Information der Existenzphilosophie über die Subjekt-Objekt-Spaltung in die »Diskussion«, und durch Sartre erfuhr die bisherige Untersuchung eine Bestätigung bezüglich der Zerrissenheit: Mensch sein heißt, frei entscheiden zu können, ja sogar zu müssen, was nicht selten als Belastung empfunden wird.

> Wieder ist es Zeit für eine Zusammenfassung
> durch die Gesprächsleitung, welche die Ergebnisse
> mit der Hauptfrage in Beziehung setzt, um
> gewonnene Erkenntnisse zu verdeutlichen:
> *Mensch sein bedeutet, sich selbst und sein Leben*
> *zu reflektieren und durch bewußtes Entscheiden*
> *zu führen.*

Ludwig Feuerbach (1804–1872) verglich das christliche Gottesbild mit dem Wesen des Menschen, dem er drei hauptsächliche Merkmale zuschrieb: Der Mensch kann erkennen, er kann lieben, und er hat einen Willen, der ihn zu selbstbestimmtem Handeln befähigt. Nur – er erlebt auch immer wieder die Grenzen seines Wissens, seiner Liebeskraft, seiner Macht. Gott dagegen wird im Christentum gedacht als grenzenlos Allwissender, All-Liebender und Allmächtiger. Die Verwandtschaft der drei Wesensmerkmale Gottes und der Menschen ist Feuerbach aufgefallen und hat ihn zur sogenannten »Projektionsthese« geführt. Diese besagt, daß die Menschen eigentlich ihr eigenes Wesen (ins Grenzenlose erweitert) an den Himmel projiziert hätten, um es dort als Gott zu verehren. So gesehen hätten also die Menschen Gott nach *ihrem* Ebenbilde geschaffen.

Noch einen Schritt weiter gingen wir mit der vertiefenden Frage nach dem *Zeitpunkt* der Menschwerdung: *Was hat der Sündenfall damit zu tun?*
– Wie unterscheiden sich Adam und Eva vor und nach dem Kosten der Frucht?
– Gibt es in unserem Leben vergleichbare Situationen? (analoge Erfahrungen)
– Bedeutung des »Feigenblattes«? (Vermutungen)
– Wie hängt die Erkenntnis von Gut und Böse mit unserer Sinn-Diskussion zusammen?

Mit Hilfe der Hebammenkunst versuche ich in einer realen Gesprächssituation, die Deutung des Mythos aus den Teilnehmenden herauszufragen, anstatt meine eigene in den Vordergrund zu stellen (es könnten ja vielleicht noch ganz andere Möglichkeiten auftauchen, als ich sie gefunden habe!).

Den Schlußpunkt setzte ich mit den Folgerungen, die sich aus der Deutung des Mythos ergaben.

Ist es uns somit gelungen, die anfänglich aufgestellte Grundfrage in einigen Aspekten zu erhellen? Was können wir »ernten«, welche »Schnappschüsse« von der Reise mitbringen? Welche Fragen sind offengeblieben, und wo ginge das Gespräch weiter?

»Ich bin und weiß nicht wer«

Kehren wir nochmals zur Ausgangsfrage nach dem Sein des Menschen zurück und sehen uns an, was frühere Denker darüber aussagten.

LUDWIG FEUERBACH zum Beispiel schrieb 1841 in seinem Buch *Vom Wesen des Christentums:* »Der Mensch ist, um zu erkennen, um zu lieben, um zu wollen.«

Ein halbes Jahrhundert vor ihm erwähnte HEINRICH PESTALOZZI die drei zum Menschen gehörenden Bereiche, die in einer ganzheitlichen Erziehung angesprochen werden sollen, nämlich: Kopf, Herz und Hand.

Sein Zeitgenosse IMMANUEL KANT drückte wohl eine ähnliche Erkenntnis aus, als er als Hauptinteresse des Philosophierens die Frage nannte: »Was ist der Mensch?« Seine drei Unterfragen dazu lauten:
- »Was kann ich wissen?«
  (Es geht um Fragen der Erkenntnis, des Denkens und Wissens: Kopf)
- »Was soll ich tun?«
  (zum Tun – Handeln – paßt die Hand: Bereich der Moral/Ethik)
- »Was darf ich hoffen?« (Der Herz-Bereich beinhaltet bei Kant die Religionsphilosophie)

Wohl nicht rein zufällig treffen wir auch im östlichen Denken, wo Philosophie und Religion noch enger miteinander verwoben sind als hier im Westen, auf die Dreigliederung. Sie kommt zum Beispiel im Hinduismus in den drei Wegen vor, die die Menschen zum Göttlichen führen können: der (philosophische) Weg der Erkenntnis, der (ethische) Weg über das richtige Tun und Wollen, der (Herzens-)Weg der Hingabe.

> Mit *Gedanken*, mit *Gefühlen* und mit unserem *Willen* also sind wir Menschen unterwegs auf der gemeinsamen Lebensreise: Woher? Wohin?

Über das Woher haben wir im zweiten Kapitel schon etwas nachgedacht, und das Wohin soll dann im vierten unser Thema werden. Hier aber möchte ich nun ein paar praktische Anregungen anfügen für Gespräche mit Kindern oder Jugendlichen über drei ausgewählte Fragen zu »Kopf, Herz und Hand«: Was sind eigentlich Gedanken? Was spielen die Gefühle für eine Rolle in unserem Leben? Und wie steht's mit der »Moral von der Geschicht'«?

Was sind eigentlich Gedanken?

Das folgende Beispiel führte ich unter anderem gemeinsam mit der Zürcher Primarlehrerin MARTHA R. SURBER in deren sechster Klasse durch. Es kann problemlos angepaßt werden für spannende Gespräche auch in der Familie oder mit kleinen Kindergruppen etwa vom zehnten Altersjahr an bis zu Erwachsenen.

Um an einer aktuellen Erfahrung mit Gedanken an-
knüpfen zu können, machten wir zuerst ein kleines
Experiment:

Ich forderte die Kinder auf, zu beobachten, was sich in
ihren Gedanken alles abspielt, wenn sie die Dinge sehen,
die ich eins nach dem andern in die Kreismitte legte:
bunte Glasscherben (für die Augen), eine Klangkugel (für
die Ohren), ein Fellhäschen (für den Tastsinn), Salznüß-
chen und einen Schokoladekäfer (für die Nase und den
Geschmackssinn), ein Messing-Ei und ein Federchen (für
Gewichtserfahrung), eine versteinerte Muschel und einen alten Abreißkalender (für die Zeit), ein kleines Pup-
penjäcklein (für die Erinnerung) und einen verschlosse-
nen Briefumschlag, der an die Klasse adressiert war, um
Vermutungen oder vielleicht auch Gedanken in Form
von Wörtern hervorzurufen.

Als alle Gegenstände in der Mitte lagen, begannen wir
mit dem Erfahrungsaustausch: Was genau läuft denn ab,
wenn wir denken? Wie erleben wir es? Woraus bestehen
Gedanken? Wie funktionieren sie?

Hier ein paar Antworten der SechstklässlerInnen:

– Mir sind zu jedem Ding Erinnerungen gekommen.
– Ich habe mich gefragt, was das sein sollte.
– ... oder was es wohl bedeutet.
– Alles war verschieden, nichts gleich.
– *Wirklich? Gab es keine Ähnlichkeiten?*
– Doch: Zum Beispiel Kalender und Brief:
  Der Brief braucht so und so viele Kalendertage, bis er ankommt.
– ... oder die Nüsschen so und so lange, bis man sie gegessen hat.
– *Das heißt, ihr habt auch Verbindungen hergestellt?*
– Ja, beim Ei kam mir sofort auch das Huhn in den Sinn.

- Jäcklein, Häschen und Feder fand ich alle weich.
- *Und wie war das, als du gedacht hast »weich«?*
  Was hast du dabei erlebt?
- Ich habe es fast gespürt, ganz fein.
- *Aber du hast es ja gar nicht berührt!*
- Nein, aber in Gedanken schon. Man sieht, daß es weich ist, man weiß es.
- Man kann es in Gedanken spüren.
- *In Gedanken spürt man es?*
- Ja, man nimmt etwas an, aber man weiß nicht genau, ob es so ist.
- Man täuscht sich ja auch …
- Wir brauchen eigentlich all unsere Sinne, um etwas feststellen zu können.
- *Es sind offenbar nicht immer nur Bilder, wenn ihr denkt?*
- Beim Umschlag habe ich gedacht: Was ist wohl drin?
- *War dieser Gedanke ein Bild?*
- Nein, eher eine Vorstellung, wie ein Film, ob etwas drin sein könnte … Spannung – ein Gefühl!
- *Gedanken können … Gefühle sein??*
- Also wenn ich traurig bin, dann habe ich vielleicht auch Gedanken in mir, aber das sehe ich doch nicht.
- Traurig ist ja auch kein Ding, da kannst du nicht gut ein Bild haben. Man kann das Traurige denken, aber es nicht sehen…
- Wenn ich an meinen verstorbenen Vater denke, dann kommt mir eigentlich auch nicht ein Bild, sondern ich höre viel eher seine Stimme.

Wir untersuchten noch weitere Möglichkeiten und fanden, daß Gedanken zwar häufig Bilder sind, aber unheimlich schnell sich ablösende, fast einander jagende, visuelle Vorstellungen. Doch auch sämtliche anderen Sinne geben uns den Stoff für die Gedanken, es kann eine vorgestellte Tastempfindung, ein erinnertes Hörerlebnis oder sogar ein nachempfundenes Gefühl sein. Am Schluß landeten wir beim inneren Reden mit sich selber, das heißt, Gedanken könnten auch aus Wörtern und Sätzen bestehen.

Im anschließenden zweiten Experiment legte ich den Kindern »Dinge« in Form von Wörtern vor, und sie sollten beobachten, welche Sinne am stärksten reagieren würden, zum Beispiel beim Wort »Zitrone« oder bei »Samt«, bei »Vogelgezwitscher« oder bei »Veilchen«. Zuletzt forderte ich sie dazu auf, jetzt einmal *nicht* an eine Katze zu denken...

– Wenn man nicht an eine Katze denken soll, denkt man erst recht daran!
– Nein, ich habe einen Hund gesehen.
– Ich habe die Katze weggeschoben, aber sie kam immer wieder.
– Man kann seine Gedanken nicht zwingen...

Aus diesem Spiel setzten wir die Diskussion sodann fort zu den Fragen:
– Können wir auch *nicht* denken?
– Können wir die Gedanken beeinflussen? Wie weit? Wie nicht?
– Können Gedanken *uns* beeinflussen?

Da die Schulstunde dann längst um war, schickten wir die Kinder in die Pause. Bei nächster Gelegenheit aber fand das Thema seine Fortsetzung durch das gemeinsame Lesen eines ganz besonderen Bilderbuches von MONIKA FETH und ANTONI BORATYNSKI. Es heißt: *Der Gedankensammler* (Patmos Verlag 1994).

Herr Grantig hat einen seltsamen Beruf: Er sammelt jeden Morgen die Gedanken (verbildlicht als kleine, koboldartige Wesen) in seiner Stadt ein und bringt sie nach Hause. Dort pflegt und ordnet er sie, läßt sie reifen und pflanzt sie schließlich in seinem Garten aus. Wunderbare

Gedankenblumen wachsen aus ihnen heran, aber in der ersten Morgenfrische lösen sich diese in musikalische Stäubchen auf und entschweben über die Stadt. Sie rieseln dann auf die noch schlafenden Menschen nieder und sorgen auf diese Weise dafür, daß viele neue Gedanken entstehen können. – Die Theologin LISBETH ZOGG HOHN schreibt über diese Geschichte: »Was für ein merkwürdiges, liebevolles und geheimnisvolles Buch über die alltäglichste Sache der Welt: die Gedanken. Die Bilder von Boratynski reflektieren eine Realität jenseits des Sichtbaren. Alles atmet diese Zartheit und Achtsamkeit: Atmosphäre, Bilder, Text, das Gesicht des Herrn Grantig, die Gedanken, die als vielfarbige, etwas sonderbare, unbeholfene und weltfremde Wesen gezeichnet sind. Sie werden gesucht, beachtet, gepflegt, geordnet, in die Ruhe entlassen, in den Garten getragen, in die Erde gebettet (geerdet), dem Wachstum überlassen. Sie können sich zu Blumen entfalten, auflösen, sich neue Menschen suchen, neu heranwachsen. Fast scheint es, daß die unspektakuläre Arbeit von Herrn Grantig die Welt am Leben und Leuchten erhält. Wenn ich dieses Bilderbuch betrachte und lese, denke ich: genauso wie Herr Grantig möchte ich eigentlich mit meiner Arbeit wirken.«

> Ideen behutsam anzugehen, ihnen Zeit einzuräumen, »damit sie saftig werden wie ausgereiftes Obst«, dazu regt diese Geschichte an.

Im Gespräch mit den SechstklässlerInnen vertieften wir deshalb durch verschiedene Überlegungen anhand des Buches unsere Frage nach dem Wesen der Gedanken. Zum Beispiel so:

Im Fach A des alphabetischen Regals von Herrn Grantig liegen nach dem Sortieren »die albernen, die aufregenden, die arglosen, die angelesenen, die abgestumpften oder die altklugen Gedanken«. Wie könnten solche Gedanken wohl lauten? Wenn ich mir zum Beispiel überlege, wie man wohl das Wort »albern« schreibt, ist das dann ein alberner Gedanke?

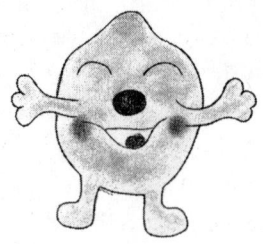

Oder: Ein schwerer Gedanke: Ist das einer über das Messing-Ei? Ist es das Ei, das schwer ist, oder eher der Gedanke? Nein, die Schwere muß eine andere Bedeutung haben. Aber welche?

Auch die Frage, wie verschieden sich Gedanken *verhalten*, ist durch die zappeligen, liebenswürdigen, schelmischen, gemeinen... »Gedankengnome« herrlich dargestellt.

Wer hätte nicht schon erlebt, daß so ein übermütiges Wesen auf der Zunge lag, sich aber unendlich zierte, hervorzutreten? Wieder andere Gedanken verfolgen einen, und je mehr man sie vergessen will, desto aufdringlicher melden sie sich immer wieder. Damit waren wir zurück beim Gedankenexperiment mit der Katze.

> Zum Schluß diskutierten wir sodann darüber, welche Bedeutung Ideen und Gedanken für unser Leben haben, und darüber, was Gedanken in der Geschichte der Menschheit schon alles bewirkt haben.

Damit gelangten wir von der beschreibenden in die wertende Phase, wo wir nun die folgenden Fragen untersuchten:
– Wozu sind Gedanken eigentlich gut?
– Sind sie immer nur gut?
– Worauf kommt es an, ob wir einen Gedanken gut oder schlecht finden?
– Müßte man gewisse Gedanken verbieten?
– Würde das denn funktionieren?
– Wie sollen wir mit Gedanken umgehen?
– Wozu braucht es überhaupt »Gedankensammler«?

Ähnliche Fragen können wir übrigens auch kleineren Kindern stellen, wenn wir ihnen Leo Lionnis berühmtes Bilderbuch von der Wörter und Farben sammelnden *Maus Frederick* (Middelhauve Verlag) erzählen. Auch in dieser Geschichte geht es um die Erkenntnis, daß es oft mehr als bloß Futter für den Körper braucht, um schwere Zeiten gut zu überstehen.

Welche Rolle spielen Gefühle im menschlichen Leben?

Aus dem »Herz«-Bereich des Menschen möchte ich zwei Beispiele vorstellen, an denen Kinder zwischen fünf und neun Jahren mitgewirkt haben. Das erste stammt aus einer Elterngruppe, die an einem Kursnachmittag ihre Kinder mitgebracht hatte zum gemeinsamen »Philosophieren«. Ich setze das Wort diesmal in Anführungszeichen, weil es hier eigentlich mehr um eine kleine philosophische »Fingerübung« ging und weniger um das vertiefende Ergründen einer Sache.

> Das Ziel war, den Kindern zu ermöglichen, mehr von der Vielfalt unserer Gefühlspalette zu begreifen. Man kann nämlich nicht nur wütend, traurig, froh oder ängstlich sein...

... sondern manchmal auch erschreckt, neidisch, überglücklich, furchtbar betrübt, verzweifelt, hin- und hergerissen, verletzt, fröhlich oder zufrieden... Wie viele Ausdrücke kennen Sie sonst noch? Brächten Sie eine Sammlung von gegen hundert verschiedenen Gefühlsbezeichnungen zusammen, wie wir dies in der Elterngruppe gemeinsam fertigbrachten?

Es ging uns hier also um eine Differenzierungsübung, an der jedes der Kinder mit seinem momentanen Wortschatz und Erfahrungsstand teilhaben konnte. Und so lief das Spiel ab:

In einem kleinen Schatzkästchen, das in unserer Kreismitte lag, hatte ich viele Zettelchen mit Gefühlsbezeichnungen versteckt. Ich ließ die Kinder zuerst raten, was wohl drin sein könnte. Vom Ohrring über die Perle bis zu einem Goldstück wurde allerlei Kostbares (Materielles) aufgezählt. Also ergänzte ich das Rätsel mit dem Hinweis, daß es vielleicht auch etwas Unsichtbares sein könnte. »Eine Geschichte?« »Ein Lied?« »Nichts?« »Luft!«... waren die weiteren Vermutungen.

Jetzt erzählte ich an einem Beispiel, wie es mir gehen würde, wenn ich ein Etwas aus dem Schächtelchen hätte: »Wenn ich dieses Ding habe, dann stampfe ich mit dem Fuß, mache vielleicht Fäuste und rede ganz furchtbar laut…« Oder wenn ich ein anderes hätte, dann würde ich mich verstecken und vielleicht zittern und spüren, wie mein Herz ganz fest klopft. Nun begriffen die Kinder schnell, daß es sich um ausgedachte Gefühle handelte. Wer eines davon herausfand, setzte das Spiel mit der Beschreibung eines weiteren Gefühls fort, und die übrigen Anwesenden durften raten, welches diesmal gemeint war. Nach einer Weile variierten wir das Spiel: Jedes Kind durfte sich ein Zettelchen aussuchen (die Kleineren, die noch nicht lesen konnten, mit Hilfe ihrer Mutter), und wer Lust dazu hatte, spielte uns dieses Gefühl vor. Da mir das betreffende Kind sein Wort vorher zeigte, wußte ich Bescheid, und nun flüsterten mir die Ratenden ihre Lösungen ins Ohr. Wer es richtig erraten hatte, gesellte sich zum Vorspielenden und ahmte dessen Rollenspiel nach, bis immer mehr fröhliche Kinder im Kreis herum hüpften, sich mit »Bauchweh« am Boden wälzten oder sich gegenseitig anschmollten. Ab und zu griff ich zwei verwandte Gefühle (zum Beispiel »froh« und »fröhlich«) auf und ließ die Kinder vorspielen oder erklären, was daran unterschiedlich sei, oder ich fragte nach ähnlichen Wörtern, wenn zum Beispiel jemand »Wut« gespielt hatte. Zu guter Letzt wählte sich jedes Kind eines der Gefühle aus, das es noch malen wollte. Die Erklärungen schrieben manchmal ihre Mütter dazu.

Wenn wir bei kleinen Kindern Einsichten wecken wollen, so ist es oft hilfreich, zur Klärung auch non-verbale Medien beizuziehen. Gerade durch Zeichnen oder Rollenspielen können sie nämlich manchmal ein-sehen, was rein verbal gefaßt vielleicht schwierig zu verstehen wäre.

Die Idee zu dieser Übung kam mir übrigens beim An-sehen des sehr anregenden Kinderbuches von ALIKI: *Ge-fühle sind wie Farben* (Beltz & Gelberg 1991). Es enthält viele hübsche Bildergeschichtchen über die unterschied-lichsten Gefühle, und eines davon zeigt ein solches Rate-spiel unter Kindern. Ein anderes besteht aus nur gerade einem einzigen Bild mit einem einzigen Wort: »Nein!«

Von diesem Bild nahm mein zweites Beispiel seinen An-fang. Beteiligt war diesmal die dritte Klasse der Zürcher Primarlehrerin MARGRIT STOLL, und es ging um ein einzi-ges Gefühl und seine Bedeutung im Alltag für uns alle: um die Wut.

Wenn wir über ein Gefühl philosophieren, so bedeutet das natürlich nicht, daß wir es »zerreden«, wie viele Eltern immer wieder befürchten. Es kann auch nicht darum gehen, das vielleicht unerwünschte Gefühl möglichst rasch »wegzumachen« nach dem Muster: »Du brauchst doch keine Angst haben!« Wenn ein Gefühl ganz akut da ist, dann ist das Philosophieren darüber kaum empfehlenswert. Wenn man aber vielleicht meint, den Gefühlen einfach ausgeliefert zu sein, und versucht, sich möglicherweise damit vor der Verantwortung zu drücken (»Ich kann doch nichts dafür, wenn ich wütend werde!«), dann scheint mir eine »Erhellung« des Phänomens Gefühl dringend geboten!

> Wer besser weiß, was Gefühle mit uns – oder wir
> mit den Gefühlen – alles anstellen, hat bestimmt
> einen anderen Handlungsspielraum, als wer sich von
> ihnen einfach beherrschen läßt.

Um ein Gefühl besser zu verstehen, befassen wir uns in vier Schritten damit. Die folgenden vier Fragen eignen sich zur Erörterung vieler Emotionsarten:

> 1. *Woher?*
> Weshalb kommt es bei mir jeweils zu diesem
> Gefühl? Was ist davor geschehen?
> Was hat dieses Gefühl ausgelöst?
> 2. *Wie?*
> Wie ist dieses Gefühl genau?
> Wie spüre ich es? Und wo spüre ich es?
> 3. *Wohin?*
> Was würde ich in solchen Momenten am liebsten
> tun? Welche Verhaltensweisen sind dann für mich
> typisch? Gäbe es noch andere Reaktions-
> möglichkeiten?

4. *Wertung?*

Wie stehe ich zu diesem Gefühl? Kann ich sinnvoll damit umgehen? Welche Reaktionen sind in einer betreffenden Gefühls-Situation angemessen und hilfreich? Welche möchte ich verändern?

Die ersten drei Fragen sollten möglichst ohne gleichzeitiges Bewerten angegangen werden. Wir sind im Alltag aber leider immer sehr schnell bereit, Aussagen mit Plus- oder Minuszeichen zu versehen: »Ich fürchtete mich vor diesem Kater« (beschreibende Aussage zu Punkt 1). »Der tut dir doch nichts, da braucht man doch keine Angst zu haben!« (ablehnende Bewertung). »Trauer ist ein schreckliches Gefühl« (Bewertung und Beschreibung zu Punkt 2 sind vermischt). »Ich habe aus lauter Wut einen Teller zerschlagen« (Beschreibung zu Punkt 3), »und dabei weiß ich genau, das sollte man doch nicht tun« (wieder eine Negativ-Wertung). Bei Punkt 4 dagegen soll mit Überlegung und Absicht gewertet werden. Damit bezieht man Stellung zu einer der Aussagen von 1–3 und begründet seine Meinung möglichst klar: »Neid finde ich ein sehr negatives Gefühl, denn es vergiftet Beziehungen und nützt nicht einmal dem Neidhammel selber etwas!«

Hier nun ein paar Ausschnitte aus dem Gespräch über Wut, das durch ALIKIS »Wutanfall in einem Wort« in der dritten Klasse ausgelöst worden war:

Woher kommt bei euch die Wut?
- Wenn mich jemand auslacht, werde ich wütend!
- Wenn mir jemand das Spielzeug wegnimmt...
- Wenn ich etwas verlegt habe und es nicht mehr finde...
- Wenn jemand mit mir einen Streit anfangen will...
- Wenn ich im Spiel verliere...
- Wenn ich etwas nicht kann...

Wie spüren wir die Wut?
- Mein Herz schlägt dann schneller, wenn ich eine große Wut habe.
- Ich spüre einen Druck im Kopf.
- Mir wird ganz heiß.
- Meine Füße tun mir weh, ich möchte davonrennen.
- Meine Hände tun mir weh, weil ich dreinschlagen möchte.
- Ich spüre dann plötzlich meinen Körper. Sonst spüre ich ihn eigentlich gar nicht.

Wohin mit der Wut?
- Ich knalle die Tür zu und schreie.
- Ich sage »schlimme« Wörter.
- Ich werfe Teller auf den Boden und mache eine große Unordnung.
- Ich trete an die Möbel oder schlage mit den Fäusten aufs Bett.
- Ich stelle das Radio ganz laut ein.
- Ich strecke die Zunge heraus, reiße meine Schwester an den Haaren und kneife sie.
- Ich mache etwas kaputt.
- Ich tue jemandem weh, ich würge und trete.
- Ich quäle ein Tier...

Wie können wir die Wut herauslassen, ohne daß es uns nachher leid tut? (Bewertung)
- Türe zuschlagen und stampfen.
- Radio laut einstellen und Kissen herumwerfen.
- Auf den Boden schlagen und »schlimme« Wörter ausstoßen.
- Eine Unordnung machen und in Stofftiere beißen.
- Weglaufen oder sich verstecken.

Natürlich sind diese Antworten nicht alle in derselben Unterrichtsstunde gegeben worden. Die Lehrerin hatte sich über einige Wochen verteilt immer wieder Zeit genommen, um das Thema mit ihrer Klasse weiterzuspinnen. Dabei setzte sie auch Rollenspiele (»Spielt doch mal vor, was bei euch abläuft kurz vor einem Wutausbruch!«) und Bilder ein (»Zeichnet mal, wie das aussieht, wenn ihr eine große Wut habt!«). Um für Gefühle eine Sprache zu finden, ließ sie die Kinder auch bildhafte Vergleiche suchen, mit denen sie andern deutlicher vermitteln konnten, wie es ihnen jeweils zumute ist:

Meine Wut ist wie...
- ein Ballon, der platzt.
- ein bissiger Hund.
- ein Panther, der sich losreißt.
- ein Feuerwerk, das laut knallt.
- ein Drache, der alles zerstört.
- eine Dampflokomotive, die viel Rauch herausläßt.
- ein Feuer, das mich verbrennt.
- ein Erdbeben.
- eine Explosion.
- ein Zoo, in dem alle Gitter zusammenfallen.

Da wir immer nur unsere eigenen Gefühle erleben, ist es gerade bei diesem Thema außerordentlich wichtig, nach Verständigungsmöglichkeiten zu suchen. Wie oft arten Konflikte in Gewalt aus, weil den beteiligten Personen einfach die Worte fehlen, um sich wirklich verständlich zu machen! Metaphern oder Beschreibung von körperlichen Empfindungen, die ein Gefühl begleiten, können hier sehr hilfreich sein.

Exkurs

Ein paar abschließende Gedanken zum Philosophieren über Gefühle

Immer wieder begegnet mir in meinen Kursen mit Eltern und Lehrkräften die Frage, ob denn Gefühle nicht viel mehr mit Psychologie als mit Philosophie zu tun hätten. Die Antwort darauf hängt natürlich sehr davon ab, was wir unter den beiden Begriffen verstehen wollen. Sodann unterscheiden sich die zwei Fächer auch durch ihr Interesse, das sie am Thema verfolgen.

Einst (schon bei den alten Griechen) verstand man unter Psychologie ganz einfach die Lehre von der Seele, und wie alle anderen damals erst allmählich entstehenden Wissenschaften zählte auch sie zur Philosophie. Heute haben sich viele Einzelwissenschaften gebildet, die mit je eigenen Methoden an ihrem Thema forschen und sich nicht mehr als Philosophie im alten Sinne verstehen. Nur noch im Doktortitel – Doktor phil. I für die Geisteswissenschaften und Doktor phil. II für die Naturwissenschaften – begegnet uns das Wort im Alltag.

Wenn es nun beim Thema Gefühle darum geht, sie wissenschaftlich zu erforschen, ihre Dynamiken oder Blockierungen zu untersuchen, vielleicht sogar Menschen mit psychischen Problemen zu behandeln, dann würde auch ich diese Tätigkeiten der heutigen Psychologie zuordnen. Wenn dagegen ein/e FachphilosophIn sich das Thema vornimmt, interessiert er/sie sich für die Tatsache, daß alle Menschen, vermutlich auch die höher entwickelten Tiere und – wer weiß? – vielleicht ja sogar einige Pflanzen mit Gefühlen zu tun haben. Man wird deshalb nach der Bedeutung dieses Phänomens für unser Menschsein suchen, *sich dazu Theorien zurechtlegen und sie mit guten Gründen zu stützen versuchen und so weiter. Und weil die »Kinder- und Alltagsphilosophie« – im Gegensatz zur akademischen Fachphilosophie – immer auch an die konkrete Lebenswelt der Philosophierenden angebunden sein will, wird sie sich zusätzlich um Fragen der sinnvollen Umsetzung von gewonnenen Erkenntnissen in die Praxis bemühen. Mit anderen Worten:*

> Wenn ich mit Kindern über Gefühle (oder auch über Gedanken) philosophiere, sollte diese Tätigkeit für alle Beteiligten eine Form von praktischer Lebenshilfe sein: durch ein klareres Verständnis sich besser im täglichen Leben zurechtfinden können.

Und die Moral von der Geschicht'...?

Mensch sein heißt denken können, heißt zu differenzierten Gefühlen fähig sein und heißt wollen ... *müssen!*

> Man stelle sich einmal einen Menschen vor, der als letzte Entscheidung beschließt, nichts mehr zu wollen!

Dies könnte der Einstieg zu einem Gespräch mit Jugendlichen sein. Diskussionsimpulse:
- Was würde geschehen?
- Würde dieser Mensch überhaupt noch etwas tun?
- Wenn er zum Beispiel doch noch etwas äße ... hätte er das dann, ohne zu wollen, getan?
- Wenn er es nicht gewollt hätte, wer oder was hätte ihn sonst dazu veranlaßt?

107

- Hat alles, was wir tun, eine Ursache?
- Welche Gründe, welche Motive leiten unser Tun?
- Welche Rolle spielt unser Kopf dabei?
- Haben Gefühle auch etwas damit zu tun?
- Sind wir frei zu wollen, was wir wollen?

Die philosophische Disziplin, die sich mit dem Wollen beschäftigt, heißt Ethik. Wir betreiben Ethik, wenn wir uns Fragen wie die oben aufgeführten stellen, wenn wir sie gründlich durchdenken, wenn wir uns gut begründete Meinungen dazu erarbeiten.

Ethiker haben sich zum Beispiel gefragt, ob es überhaupt so etwas wie einen freien Willen gibt. Was spricht dafür, was dagegen? Wenn wir das begonnene Gespräch weiterverfolgen, werden wir schon bald vor einer Frage stehen, die viele Jugendliche (und wohl nicht nur sie) brennend interessiert:

- Gibt es das Schicksal?
- Ist, was uns im Leben begegnet, der reine Zufall, oder steckt ein »Absender« – vielleicht ein göttlicher Wille – dahinter, der uns Aufgaben »schickt«?
- Was ist uns vorbestimmt?
- Hat es überhaupt einen Sinn, etwas zu wollen? Kommt nicht sowieso alles, »wie es kommen muß«?

Solche Fragen sind für die Philosophie typisch. Sie wurden und werden von Menschen jeden Zeitalters immer wieder neu gestellt, und die Religionen oder auch die Esoterik bieten eine ganze Palette von Antworten dazu an. Diese sind für die Philosophie willkommenes Material, das zur eigenen Meinungsbildung herbeigezogen werden kann. Jedoch wird ein philosophisch denkender Mensch nie darauf verzichten, solche Glaubenslehren oder Theorien mit der eigenen Vernunft zu beleuchten und zu untersuchen. Dies ist zwar mitunter mühsamer, als irgendwelche vorgefertigten Meinungen einfach zu übernehmen, verhindert dafür aber das blinde Nachläufertum.

Um seinem Sohn das ethische Denken näherzubringen, schrieb der spanische Philosoph FERNANDO SAVATER ein süffiges kleines Büchlein mit dem provokativen Titel: *Tu, was du willst* (Campus Verlag 1997).

Es ist klar, daß es Sachen gibt, die für unser Leben gut sind, und andere, die es nicht sind. Aber nicht immer ist klar, was für uns wirklich gut ist. Auch wenn wir nicht wählen können, was uns passiert, können wir doch wählen, was angesichts dessen, was uns passiert, zu tun ist...

Tun wir folglich immer das, was wir wollen? Nicht ganz. Manchmal zwingen uns die Umstände, zwischen zwei Möglichkeiten zu wählen, die wir uns nicht ausgesucht haben. Und es gibt sogar Gelegenheiten, in denen wir wählen, obwohl wir es vorziehen würden, nicht wählen zu müssen...

(Aus: Tu, was du willst, S. 33)

Ohne väterlichen Belehrungston erklärt er in seinem »Buch über die Kunst des Lebens und den Umgang mit der Freiheit« seinem jugendlichen Sohn den Sinn der Ethik. Anhand von Beispielen läßt er ihn entdecken, welche Motive sein Handeln lenken, zeigt ihm, weshalb Menschen gar nicht um Entscheidungen herumkommen, und erläutert die Bedeutung unserer Einstellungen auf uns selber als menschliche Wesen. Sein Text ist bestens dazu geeignet, ethische Gespräche zwischen Jugendlichen und Erwachsenen in Gang zu bringen. Vielleicht aber haben Sie ja auch einfach Lust darauf bekommen, sich lesenderweise selber ein besseres Bild von Ethik und Menschsein zu erarbeiten?

> »Was soll ich tun?« (Kant)
> Die Ethik befaßt sich mit allem, was mit dem Wollen zusammenhängt: mit Werten und Entscheidungen, mit Freiheit und Verantwortung, mit Gut und Böse und dem (schlechten) Gewissen, mit Fragen nach dem Glück und dem Sinn.

Ethik untersucht auch bestehende Moralvorstellungen:
– Haben all die Regeln, Vorschriften, Gebote, Verbote, die »man« einhalten sollte, überhaupt ihre Berechtigung?
– Wer kann das entscheiden?
– Wer hat das Recht, sie zu ändern?
– Gibt es absolute Maßstäbe?
– Was ist, wenn ich nicht will, was »man« von mir erwartet?

Dazu nun noch ein Beispiel für etwa Neun- bis Zwölfjährige anhand eines Textes von SUSANNE KILIAN. Er steht in ihrem kleinen »KinderGedankenn Buch« *Kinderkram* (Beltz & Gelberg 1987).

VATER WILL NICHT GESTÖRT SEIN
Er schläft. Mutter geht einkaufen. Sie sagt zu den Kindern: ›Ich geh jetzt. Der Vater schläft. Wenn es an der Haustür schellt, dann sagt ihr, daß Vater nicht da ist. Ihr wißt natürlich, daß er da ist. Aber die andern brauchen das nicht zu wissen. Für alle andern ist Vater einfach nicht da. Er ist weg und kommt ungefähr in 'ner Stunde wieder. Kapiert?‹ Karla und Matthias haben kapiert. Als das Telefon klingelt und der Vater verlangt wird, sagt Karla: ›Vater schläft. Können Sie in 'ner Stunde noch mal anrufen?‹ (S. 29)

Wenn ich diese Geschichte mit einer ganzen Klasse lese, fordere ich die Kinder als erstes dazu auf, sich kurz zu notieren, was Karla und Matthias wohl »kapiert« haben. Damit aktiviere ich jedes einzelne Kind, das sich eher für das Thema interessieren läßt, wenn es gleich zu Beginn beteiligt wird. Im kleineren Rahmen eines Familiengesprächs würde ich die Frage einfach so stellen und sehen, was meine DialogpartnerInnen für unterschiedliche Antworten fänden. Danach folgen weitere Hebammenfragen, soweit das Gespräch nicht schon von selbst läuft:

- Haben die beiden wirklich kapiert, was die Mutter wollte?
- Was wollte sie denn genau?
- Wenn die Kinder der Mutter nicht wörtlich gehorcht haben, heißt das dann, daß sie doch nichts kapiert haben?
- Was könnte sonst noch gemeint sein mit dem Wort?
- Vielleicht haben sie ja auch kapiert, daß Lügen keine schöne Sache ist?
- *Darf man wirklich nie lügen?*

Pädagogischer Exkurs

Moralisieren oder philosophieren?

Mit der letzten Frage sind wir beim eigentlich brisanten Thema angelangt, das die Gemüter immer wieder zu erhitzen vermag. Von Kindern wird nämlich auch heute sehr viel Ehrlichkeit verlangt, die die Erwachsenen selber aber nur allzu häufig mit Füßen treten. Man glaube nicht, daß Kinder dies nicht merken! Welche Verwirrung mutet man ihnen damit zu! Was aber wäre die Alternative?

Eine moralisierende Erziehung sieht oft über die Realität hinweg, daß das Lügen, Schwindeln, Vertuschen und so weiter in der Erwachsenenwelt eine weitverbreitete Sache ist. Um die Kinder zur Wahrhaftigkeit zu erziehen, hält sie dennoch eisern am Gebot fest und schafft damit eine Doppelmoral.

Dadurch werden Kinder geradezu zum Lügen verleitet. Und wenn dann gar noch drastische Strafen angedroht werden, erreicht eine solche rigide Erziehung vermutlich genau das Gegenteil: Aus lauter Angst werden die Kinder noch mehr vertuschen oder lügen. Beim Philosophen, Mystiker und Mathematiker BLAISE PASCAL *fand ich die folgende Erkenntnis, welche mir dazu zu passen scheint: »Der Mensch ist weder Engel noch Tier, und das Unglück will es, daß wer einen Engel aus ihm machen will, ein Tier aus ihm macht.«*

Auch **Blaise Pascal** (1623–1662) hatte – wie viele seiner Kollegen – bei seinen Studien über den Menschen dessen Zwiespältigkeit entdeckt, was ihn zur folgenden Aussage führte:

»Es ist gefährlich, den Menschen zu sehr merken zu lassen, wie sehr er den Tieren gleicht, ohne ihm seine Größe zu zeigen. Es ist auch gefährlich, ihn zu sehr seine Größe fühlen zu lassen, ohne ihm seine Niedrigkeit zu zeigen. Es ist noch gefährlicher, ihn über beides in Unkenntnis zu lassen. Aber es ist sehr vorteilhaft, ihm beides vor Augen zu stellen. – Er soll weder glauben, er sei nur den Tieren oder nur den Engeln ähnlich, noch soll er über beides in Unkenntnis sein, sondern er soll beides wissen. Der Mensch ist weder Engel noch Tier, und das Unglück will es, daß wer einen Engel aus ihm machen will, ein Tier aus ihm macht.

Und so könnte die philosophische Alternative von Wahrhaftigkeitserziehung aussehen: Wir hinterfragen das Gebot »Du sollst nicht lügen« mit der Absicht, danach besser zu verstehen, weshalb es vernünftig ist, die Wahrheit zu sagen. Wir sind aber auch offen für die Möglichkeit, daß es vielleicht manchmal sinnvoller sein mag, eine Unwahrheit zuzulassen. Meist wird dies dann »Notlüge« genannt. Das pädagogische Ziel, das die Kinderphilosophie damit verfolgt, ist dasselbe wie in der moralischen Erziehung: Wahrhaftigkeit – aber nicht nur bei Kindern, sondern im Prinzip in der ganzen Gesellschaft.

Mit der Kinderphilosophie bewegen wir uns in einem Dreieck zwischen Philosophie *(wenn es um allgemeine, grundsätzliche Erkenntnissuche geht),* Psychologie *(wenn es ums »Seelenverständnis« des Individuums oder um therapeutische Prozesse geht) und* Pädagogik *(wenn die Erwachsenen einen demokratischen Umgang pflegen, der Kinder ernst nimmt und ihrer Nachdenklichkeit Platz einräumt).*

Kinderphilosophie muß weder ein spezielles Schulfach, noch soll es eine Erziehungsmethode sein, sondern es handelt sich bei ihr um eine besondere Art der Beziehungspflege: wenn nämlich große und kleine Menschen miteinander im Leben unterwegs sind und es bewußt erfahren wollen.

Nach dem oben beschriebenen Einstieg mit KILIANS suchen wir auch hier nach Beispielen (Erfahrungsbezug!):

– Hat denn jemand von euch etwa schon mal gelogen? (Keine Angst, Kinder geben es freimütig zu!)

- Und seid ihr auch schon angelogen worden? Wie? Von wem?
- Wie ging es euch dabei? (Achtung: nicht ins Moralisieren abgleiten, sondern jede Antwort ohne Bewertung entgegennehmen!)

In einer fünften Klasse, wo ich solche Fragen schon gestellt habe, kamen in kurzer Zeit unzählige Beispiele zusammen. Danach forderte ich die Kinder auf, Gründe für oder gegen das Lügen zu notieren. Ihre Sätze sollten alle mit einem der Beispiele beginnen nach dem Muster: Peter hätte nicht lügen sollen, weil... oder: Karin durfte dort schon lügen, denn...

Nach einer Viertelstunde hefteten sich alle ihre Zettel an den Pullover und spazierten damit im Schulzimmer herum. So konnten sie die Meinungen von andern lesen (»Bauchzeitung«).

Der nächste Schritt bestand im Sammeln und Vergleichen der Gründe, die wir auf die Wandtafel schrieben.

Man sollte nicht lügen, weil
- *die Mutter gar nicht schimpfen würde*
- *es ihr gegenüber gemein ist*
- *lügen verboten ist*
- *die Mutter enttäuscht wäre, wenn sie es später erführe*

Man darf lügen, wenn
- *man Angst hat*
- *man sonst Freunde verlieren würde*
- *man eine Strafe vermeiden kann*
- *man kein Feigling sein will*
- *die Mutter kein Verständnis hat*
- *andere auch lügen*
- *man der Mutter Ärger ersparen kann.*

Wir unterhielten uns noch eine Weile über die Qualität der Gründe, ob alle jeden der genannten Gründe so gelten ließen oder ob es Einwände gäbe. Wir dachten uns auch eine Welt aus, in der das Lügen erlaubt wäre...

Am Ende des Gesprächs waren die Kinder davon überzeugt, daß das Gebot schon sinnvoll sei, daß man allerdings Ausnahmen zulassen müßte. Bevor man aber zu einer sogenannten Notlüge griffe, sollte man sich die Sache gründlich überlegen. »Worauf kommt es denn dabei an?« fragte ich sie zum Schluß. »*Na, ob man einen wirklich guten Grund dafür hat!*«

Mensch werden...

Jahrhundertelang hat sich die philosophische Anthropologie (Menschenkunde) die Frage gestellt, was der Mensch sei. Seit der Existenzphilosophie steht eine andere Frage im Zentrum: Wie *werden* wir, was wir sind? Und eine der Teilantworten darauf lautet: Wir werden es mit jeder Entscheidung, die wir treffen. An der lebenslangen Kette unseres Wollens wird sichtbar, was wir sind.

> Der Mensch *ist* nicht einfach, sondern er ist ein *Werdender*, der sich erst durch sein Wollen selbst entwirft.

ARISTOTELES sprach einst von der Entelechie, dem Wesenskern jedes Dings, das ihm seinen Sinn und zugleich sein Ziel gibt: Was wesenhaft als Möglichkeit in uns liegt, soll sich entfalten zu seiner vollen Aktualität. Da der Mensch – nach Aristoteles – nebst »pflanzlichem« (vegetativem, körperlichem) und tierischem (empfinden-

dem, fühlendem) noch einen dritten (geistigen, denken-
den) »Seelenteil« besitzt, der ihn von allen anderen Lebewesen abhebt, ist es seine Aufgabe, auch diesen Teil zu
seiner vollen Wirksamkeit zu führen. Der Mensch ist das
Wesen, das sich dank seiner Geistigkeit selbst zu erkennen vermag, und dank seiner Vernunft kann er auch ein-
sehen, was das Gute ist, das es anzustreben gilt.

> Mit Kindern und Jugendlichen zu philosophieren
> bedeutet, gemeinsam unterwegs zu sein mit dieser
> lebenslangen Aufgabe, Mensch zu werden.

In diesem Kapitel habe ich exemplarisch zu zeigen versucht, wie diese philosophische Reise praktisch ablaufen
kann: Wir wählen einzelne Aspekte des menschlichen
Daseins aus und beschäftigen uns eine Zeitlang auf ver-
schiedenste Weise damit. Je nach Gruppenzusammen-
setzung oder Alter der Kinder können unterschiedliche
methodische Elemente dabei zur Anwendung kommen:

Methodische Elemente beim Philosophieren mit Kindern

BILDERBÜCHER *(Gedankensammler, Gefühle sind wie Farben)* und passende Fragen dazu PHILOSOPHISCHE TEXTE FÜR KINDER UND JUGEND-
LICHE (zum Beispiel von Kilian oder Savater) und entsprechende *Fragen* dazu

EXPERIMENTE (Gegenstände wahrnehmen) oder RATESPIELE (Schatzkästchen) und vorbereitete Fragen dazu

ROLLENSPIELE (zum Beispiel zu Gefühlen) oder ZEICHNEN und... Sie
wissen es schon: immer wieder gute Hebammenfragen dazu!

PHANTASIE darf natürlich nicht fehlen (Was wäre, wenn alle lügen
dürften...), und sogar TAGTRÄUMEREIEN können hilfreich sein für die
Suche nach Weisheit. (Mehr über diese Technik finden Sie in meinem
ersten Buch *Die kleinen Philosophen*.)

Im Zentrum stehen aber immer wieder die Gespräche, bei denen wir unser allfälliges Vorwissen vor allem dazu nutzen sollten, gute Fragen zu stellen, die das Weitersuchen anregen. Achten wir darauf, daß die Kinder genügend Freiraum für eigene Ideen erhalten, statt daß wir sie mit vorgefertigten Ansichten zuschütten!

Mensch sein – Mensch werden – hat damit zu tun, daß wir über uns selbst nachdenken, über alles, was uns zu Menschen macht. Schon im alten Griechenland gab es die philosophische Aufforderung: »Erkenne dich selbst!« Sie stand über dem Tor des Orakeltempels in Delphi. Und: »Was ist der Mensch?« ist nach KANT noch immer die Hauptfrage, wenn man von der sogenannten »Weltphilosophie« (zu der die Kinder- und Alltagsphilosophie zählt) spricht. Kein Wunder also, wenn mein drittes Kapitel so umfangreich geworden ist! Dabei haben wir nur ein paar wenige Aspekte etwas genauer angesehen. Wenn Sie Lust auf mehr Anregungen für »anthropologische« Gespräche mit Kindern haben, schauen Sie bitte nach bei den *Kleinen Philosophen!* Sie finden dort etliches über Namen und Identität, über das Denken und die Sprache oder auch über moralische Fragen wie Streit, Toleranz und Kinderrechte.

Weiterführende Literatur

Zur Frage: Was ist der Mensch?

PETER SPIER: *Menschen – Das Buch zur Völkerverständigung*, Thienemanns Verlag 1981.
Das Bilderbuch mit den unzähligen liebevoll gezeichneten Details zeigt für jedes Alter, wie gleich und dennoch unterschiedlich die Menschen auf der Welt sind und leben! Alle haben zum Beispiel Ohren, doch nicht einmal die beiden eigenen sehen genau gleich aus! Menschen wohnen, essen, spielen, schreiben... immer verschieden. Was wäre, wenn alle sich gleich kleideten, dasselbe dächten, gleich fühlten...?

JUTTA KÄHLER und SUSANNE NORDHOFEN (Hrsg.): *Geschichten zum Philosophieren – Arbeitstexte für den Unterricht auf Sekundarstufe 1*, Reclam 1994.
Vielseitige Textsammlung im Taschenformat, sortiert nach Kants berühmten vier Fragen: Was kann ich wissen? Was soll ich tun? Was darf ich hoffen? Was ist der Mensch?

Zum Denken

ANNEMARIE PIEPER: *Selber denken – Anstiftung zum Philosophieren*, Reclam 1997.
»Ein bißchen Verstand und ein bißchen Erfahrung ermöglichen es jedem Menschen zu philosophieren. Dieses Buch will dazu anstiften, über die großen Themen, die ›ewigen‹ Fragen der abendländischen Philosophie nachzudenken – mit dem eigenen Kopf.«

HOWARD GARDNER: *Der ungeschulte Kopf – Wie Kinder denken*, Klett-Cotta 1991.
»Kinder haben ihre eigenen Vorstellungen von der Schwerkraft, dem lieben Gott und dem Geld. Die Schule versucht, Wissen zu vermitteln über Physik, Religion und Mathematik. Gardner zeigt, wie diese beiden Wissensarten – das intuitive und das Schulwissen – unabhängig nebeneinander bestehen und in Konflikt geraten.«

Zu den Gefühlen

URSULA REICHLING und DOROTHEE WOLTERS: *Hallo, wie geht es dir!* – *Gefühle ausdrücken lernen, Merk- und Sprachspiele, Pantomimen und Rollenspiele, mit Ideenheft und Bildkärtchen,* Verlag an der Ruhr 1994.

URSULA ENDERS und DOROTHEE WOLTERS: *Schön blöd* – *Ein Bilderbuch über schöne und blöde Gefühle,* anrich verlag 1994.
Entstanden als Hilfe bei der Mißbrauchs-Prophylaxe »für kleine und große Leute, die entdecken oder sich erinnern, wie wichtig es ist, seine Gefühle ernst zu nehmen«.

MICHAL SNUNIT und NA'AMA GOLOMB: *Der Seelenvogel,* Carlsen 1996.
»In der Seele, in ihrer Mitte, steht ein Vogel auf einem Bein. Der Seelenvogel. Und er fühlt alles, was wir fühlen.« Ein Bilderbuch, das das Unsichtbare verständlich zu machen hilft.

ROSEMARIE PORTMANN (Hrsg.): *Mut tut gut!* – *Geschichten, Lieder und Gedichte vom Muthaben und Mutmachen,* Arena Verlag 1996.
Textsammlung für Kinder von 6 bis 12 Jahren. »Erwachsene erhalten zudem vielfältige Anregungen, mit Kindern über die Themen Angst und Mut zu sprechen. Denn Kinder, die über ihre Gefühle und Probleme sprechen, lernen auch zu widersprechen. Sie besitzen eigene Meinungen, die sie vertreten sollten. Und sie besitzen Rechte, die sie gegenüber Erwachsenen einfordern sollen.«

MISCHA DAMIAN und JÓZEF WILKÓN: *Atuk, der Eskimojunge,* Nord-Süd Verlag 1990.
Eine von starken Bildern begleitete Geschichte um Freundschaft, Verlust, Wut, Trauer, Rache und Liebe, die zu ernsthaften, tiefen Gesprächen über Gefühle anregt. Atuks Hündchen wird vom Wolf gerissen, und der soll dafür büßen. Doch wird Atuk durch seinen Tod wirklich wieder froh?

Zu ethischen Fragen

KATHRYN CAVE und CHRIS RIDDELL: *Irgendwie Anders*, Oetinger 1994.

»So sehr er sich auch bemühte, wie die anderen zu sein, Irgendwie Anders war irgendwie anders. Deswegen lebte er auch ganz allein auf einem hohen Berg und hatte keinen einzigen Freund. Bis eines Tages ein seltsames Etwas vor seiner Tür stand. Das sah ganz anders aus als Irgendwie Anders, aber es behauptete, genau wie er zu sein...«

Ein witzig gezeichnetes, aber dennoch sehr tiefsinniges Bilderbuch für Gespräche über unseren Umgang mit anderem, Fremdem. Eigentlich für alle Altersstufen geeignet, sogar für Erwachsene, die noch Fragen haben.

ANNIKA HOLM: *Wehr dich, Mathilda! – Eine Geschichte aus der Schule*, Hanser 1995.

Wie einige Mädchen nach langem Ringen mit ihrer Angst einen Weg finden, die schikanösen Klassenkameraden zu einem anderen Umgang mit ihnen zu bewegen. Geeignet für alle Grundschulkinder; zum Selberlesen ab etwa neun Jahren.

Zu den »menschlichen« Themen aus philosophischer Sicht

MICHAEL WITTSCHIER: *Erkenne dich selbst – Abenteuer Philosophie*, Patmos 1994.

»Kleine Einführung in das philosophische Denken, die Erkenntnistheorie und die Moralphilosophie«

ein, die ich in meinen Seminaren schon geführt habe im Zusammenhang mit dem Thema Seele: Es verblüfft uns immer wieder, wenn wir merken, wie sehr wir uns im Laufe des Lebens in allen möglichen Bereichen verändern: Wir sehen nicht mehr gleich aus wie früher, wir haben immer wieder andere Gedanken, unsere Gefühle schwanken oft sehr schnell...; es scheint, daß kaum etwas an und in uns sich als bleibend erweist. Selbst so identitätsprägende Merkmale wie der Eigenname oder das Geschlecht können in extremen Fällen geändert werden. Wir sind offenbar überhaupt nicht mehr gleich, und doch sind wir noch immer dieselbe Person. Wie ist das möglich?

Was macht diese Person aus? Der Charakter vielleicht? Aber wenn sich an dem nicht ein wenig rütteln ließe, könnte ich mir viele Mühe zur »Verbesserung« ersparen! Ist es also meine Seele? Aber was verstehe ich darunter? Und wenn es »meine« Seele ist, müßte es doch eine »Besitzerin« geben? Vielleicht das Ich? Oder das Selbst? »Mein« Ich? »Mein« Selbst? Und schon stehe ich wieder am Anfang und drehe mich im Kreis!

Es ist ein wenig, als wenn man versuchte zu erklären, was ein Loch sei: Alles, was man beizieht, den Rand, das Material, in dem sich das Loch befindet, die Luft, die in dem Loch ist, immer beschreibt man eben gerade, was *nicht* Loch ist! Und so ähnlich geht es mir bei der Identität. Sie scheint das eigentliche »Loch« in all meinen Eigenschaften und Merkmalen zu sein, die ich beschreiben kann. Doch sie selbst bekomme ich nicht zu fassen. Aber sie ist mit sich selbst identisch, sie bleibt, was immer sie ist, durch alle Veränderung hindurch. Und diese Erkenntnis bringt mich zurück zu Epikur, und ich fühle mich genötigt, ihm zu widersprechen: Wenn die »Seele«

Wenn wir nicht gerade eine irdische Existenz »absolvieren«, so zieht – nach **Platons** (427–347 v. Chr.) Metapher – unsere Seele als dreigliedriges Gespann hinter dem Sonnengott über das Firmament: Zwei Pferde, ein weißes (für den Mut) und ein schwarzes (für die Begierde) werden vom Wagenlenker (Vernunft) über die Himmelskuppel gesteuert, dicht umgeben von allen anderen Seelengefährten. Weil das triebhafte, schwarze Roß immer dem Materiellen, Körperlich-Sinnlichen zustrebt, kann es geschehen, daß in dem Gedränge ein Seelenwagen von der Himmelsbahn abkommt. Dann wird ein Mensch zur Welt kommen, und seine Seele ist bis zum Tod in einen physischen Körper eingesperrt, wie in einem Kerker (nach Platons Dialog *Phaidros*).

(das »Loch« meiner Identität) sich während des ganzen Lebens nicht verändert, ist doch eigentlich anzunehmen, daß dies auch mit dem Tod so bleibt. Die Seele als das, was meinen Körper zu einem lebenden Wesen macht, wird auch noch sein, was immer sie war und ist, wenn sie meinen Leib nicht mehr belebt. Das *Lebewesen* ist dann zwar tot, doch niemals kann das *Leben* selbst tot sein, oder etwa doch nicht?

Nun habe ich also versucht, anhand einer Aussage des Philosophen meine eigenen Gedankenfäden weiterzuspinnen. Bin ich dadurch weitergekommen? Ist es überhaupt von Bedeutung, daß ich mir klar werde, »was ist, wenn man tot ist«? »Es gibt auch ein Leben *vor* dem Tod!« las ich einmal auf eine Wand gesprayt. Ein Protest gegen all jene, die sich den Kopf – unnötigerweise (?) – über das Leben *danach* zerbrechen.

> Ich finde nicht, daß es überflüssig ist, sich mit dem Tod zu beschäftigen, denn wie ich mir das Danach denke, hat ohne Zweifel einen Einfluß auf mein diesseitiges Leben.

Ich werde es anders führen, wenn ich annehme, daß ich mich dereinst einfach davonschleichen kann, als wenn ich gewiß bin, die Folgen einmal verantworten zu müssen. Und es ist ein Unterschied, ob ich mich mit himmlischem Lohn vertrösten lasse oder ob ich im jetzigen Leben meine einzige Chance sehe, glücklich zu werden. Es hat sich für mich sogar schon allerhand geändert, als ich an meinem fünfundvierzigsten Geburtstag realisierte, daß ich die Lebensmitte höchstwahrscheinlich schon überschritten hatte. Was ich jahrelang vor mir hergeschoben hatte, wollte ich nun endlich anpacken, weil mir der Tod, auch wenn er (hoffentlich) noch viele Jahre entfernt sein mag, plötzlich sehr präsent in meinem Bewußtsein erschien.

> »Die wahren Philosophen üben sich im Sterben, und der Tod ist ihnen am wenigsten furchtbar.«
>
> PLATON

In diesem vierten Kapitel möchte ich Ihnen zeigen, wie Sie mit Kindern und Jugendlichen über den Tod sprechen können. Es ist erst die vorletzte Station auf unserer philosophischen Reise, weil diese, wer weiß, nach dem (vermeintlichen?) Ende vielleicht ja doch noch weitergeht…?

Hinweis:
Bitte beachten Sie, daß der Tod hier in erster Linie als Thema des

kindlichen Interesses und Fragens besprochen wird. Dies ist aber nur ein Teil der notwendigen Auseinandersetzung. Wenn Kinder direkt betroffen sind durch den Verlust einer nahestehenden Person oder auch eines geliebten Tieres, mag das Philosophieren sich da und dort zwar als hilfreich erweisen, aber das Kind braucht dann noch ganz andere Betreuung. Begleitenden Erwachsenen sei daher dringend die einführende Literatur zum Umgang mit trauernden Kindern empfohlen (siehe Liste am Ende dieses Kapitels).

Fragen und Antworten:
Vom Sinn des Philosophierens über Sterben und Tod

»Ich lebe jetzt, was soll ich mir da über den Tod Gedanken machen?« höre ich manchmal von jungen Menschen (und nicht nur von ihnen!). Natürlich kann niemand dazu gezwungen werden, zu philosophieren, und wer gut leben kann, ohne sich philosophische Fragen stellen zu müssen, den kann ich nur beglückwünschen. Vielleicht aber ist es manchmal auch einfach nicht der passende Augenblick, um das Thema Tod anzusprechen.

Wenn sich aber hinter der scheinbaren Sorglosigkeit die heimliche Angst vor diesem Thema verbirgt, versuche ich den Menschen zu ermutigen, vielleicht doch einmal darüber nachzudenken. Eltern und Lehrkräften, die möglicherweise mit Fragen der Kinder über Sterben und Tod konfrontiert sein werden, rate ich sogar dringend, ihre zum Teil verständliche Scheu vor dem Thema zu überwinden, denn wenn Kinder im Bedarfsfall keine gesprächsbereiten PartnerInnen finden, werden sie mit ihren schwierigen Fragen völlig auf sich gestellt und allein bleiben und vermutlich vor allem die unausgesprochenen Ängste und Hemmungen der Erwachsenen übernehmen.

Bei vielen Leuten kommen nämlich mit dem Thema Tod sogleich allerlei Gefühle auf, Angst vor dem Unbekannten oder ein Schaudern, vielleicht auch Trauer und Verzweiflung je nach den Erfahrungen, die sie schon damit gemacht haben. Das Wissen um den Tod und sein Geheimnis löst aber auch viele Fragen aus. Und gerade bei Kindern, die noch keine Leiderlebnisse mitgemacht haben, kann es die pure Neugier sein, die geweckt wird, eine Neugier, der sich schon die frühesten Philosophen nicht verschlossen haben.

Doch wozu über etwas nachdenken, wenn doch sowieso keine Antworten zu erwarten sind? Kinder und Philosophen sind Menschen, die sich unheimlich viele Fragen stellen, aber kaum je diese eine!

Sie fragen einfach deshalb, weil ihnen etwas als fragwürdig, als fragenswert erscheint, und sie suchen mit all ihrer Logik, mit ihrer Phantasie und vielleicht auch mit Intuition nach allerlei möglichen Antworten. Sie tun dies auch beim großen Geheimnis Tod oder bei der Frage nach Gott, weil sie es nicht sinnlos finden, sich darüber eine eigene Meinung zu bilden. Bei den großen Philosophen entwickeln sich aus diesen Ansichten manchmal ganze Denksysteme, die wir in ihren Büchern nachvollziehen können, die »kleinen PhilosophInnen« dagegen beschäftigen sich so lange mit einer Frage, bis sie sich eine für sie zur Zeit faßbare Antwort zurechtgelegt haben. Und genau auf diesem Stück Weg können wir sie begleiten – zu ihrem und unserem eigenen Nutzen.

Philosophieren über Tod, Gott, Seele oder Himmel und Hölle heißt, sich vorläufige, für die nächsten Lebensschritte wegweisende Möglichkeiten auszudenken, die bei Bedarf und neuen Erkenntnissen auch wieder angepaßt werden dürfen und sollen.

Erstaunlich früh – zum Teil schon bevor sie drei Jahre alt geworden sind – erfassen Kinder, daß alles, was lebt, auch einmal sterben wird.

Als erstes muß das Wort »tot« begriffen werden. Den Moment dieser Erkenntnis bei ihrem Dreijährigen hat mir eine Freundin folgendermaßen geschildert: Sie besaßen eine zahme Gans, die krank wurde. Man brachte sie zum Tierarzt, der leider nicht mehr helfen konnte, und so wurde sie eingeschläfert. Zu Hause erklärte die Mutter ihrem Kind, daß die Gans nun tot sei und nie mehr heimkomme. Am nächsten Tag stellte es die Frage: »Wann kommt sie wieder heim?« »Nie mehr, sie ist doch tot.« Am übernächsten Tag wiederholte sich dasselbe Gespräch. Auch an den folgenden Tagen fragte das Kind immer wieder nach der Rückkehr der Gans, bis es eines Tages die Antwort vorwegnahm und selber sagte: »Gans tot gegangen. Kommt nie, nie mehr.« Jetzt hatte es die Bedeutung des Wortes »tot« als etwas Endgültiges, Unwiederbringliches begriffen. Doch alsbald folgte der nächste Schritt, die Vergewisserung, ob dieses »Tot-gehen« wirklich auf alle Lebewesen zuträfe. Der Junge fragte nun seine Mutter: »Stirbst du auch?«, und danach wurde jede/r BesucherIn, vom Postboten bis zur Oma, mit dieser Frage konfrontiert, noch bevor eine Begrüßung Platz gehabt hätte. Können Sie sich die verschiedenen Reaktionen der Leute ausmalen?

Seiner Erkenntnis des Sterbens aller Wesen folgte in einigem zeitlichen Abstand die Frage »Wann?«, und schließlich kam auch noch das »Warum?« zur Sprache. Spätestens hier sind dann meist auch wir Erwachsenen um klare Antworten verlegen!

> Kinder spüren zwar intuitiv, daß der Tod etwas ganz Besonderes sein muß, aber sie erfassen erst allmählich seine Bedeutung, und deshalb fragen sie so viel, wenn wir sie nicht durch unsere Hemmungen daran hindern.

»Der Tod kommt noch früh genug, soll ich ihn etwa herbeireden?« oder »Ich sterbe noch lange nicht, ich kann immer noch später darüber nachdenken!« – solche Sätze höre ich manchmal als abwehrende Argumente. Diese Aussagen zeigen, daß sich die betreffende Person zumindest schon einmal – wenn auch vielleicht nur kurz – die Frage gestellt hat, wann es soweit sein wird mit dem Sterben. Ein Kind, das noch ganz am Anfang seiner Beschäftigung mit dem Thema steht, kann sich über den »normalen« Zeitpunkt aber noch keineswegs sicher sein. Es fragt vielleicht seine Mutter: »Stirbst du vor mir?« Oder es will sich vergewissern, daß man erst stirbt, wenn man »ganz alt« ist. »Stirbt man nicht der Reihe nach?« wurde ich zum Beispiel schon einmal von einer Fünfjährigen gefragt.

Solche Fragen, die eine betroffene Mutter unter Umständen erschrecken, haben oft den einzigen Zweck, das geheimnisvolle, überaus faszinierende Phänomen des Todes ein wenig besser zu verstehen. Ein Vierjähriger, der seinen Vater fragt: »Papi, wann stirbst du?«, will ihn keineswegs »weghaben«. Vermutlich hat der Knirps noch nicht einmal Angst vor der Antwort. Er fragt ganz einfach aus purer Wißbegierde danach, so wie ein interessierter Forscher.

> Es gehört wesenhaft zu uns Menschen, daß wir
> um den Tod wissen und ihn erforschen wollen,
> selbst wenn wir seine letzten Geheimnisse wohl nie
> werden lüften können.

Besonders die Frage nach dem *Sinn* des Todes bleibt eine lebenslange Herausforderung: Warum stirbt man eigentlich? Vielleicht gibt es darauf ein paar plausible Antworten wie: »*Weil* man alt oder krank war, weil man einen Unfall gehabt hat...« Kinder geben sich aber kaum mit solchen *Erklärungen* zufrieden, denn sie wollen vielmehr wissen: *Wozu* soll das gut sein, daß Menschen und alle andern Lebewesen sterben? Was ist denn der *Sinn* davon? Und Jugendliche überlegen vielleicht: Was soll überhaupt der Sinn des Lebens sein, wenn man ja doch am Ende bloß sterben wird?

Bereits im ersten Kapitel (und noch mehr in meinem ersten Buch) habe ich auf die Problematik der Sinnfragen hingewiesen. Ich ermuntere Sie nochmal: Trauen Sie Ihren Kindern zu, über diese Fragen mit Ihnen philosophieren zu können, und befreien Sie sich vom pädagogisch unnötigen Anspruch, daß Sie alles erklären und wissen müssen, was Kinder beschäftigt! Schenken Sie ihnen lieber Ihre Zeit und Ihr Mitdenken statt halbherzige Antworten, und dies besonders bei den *philosophischen* oder den religiösen Fragen!

Man mag einwenden, daß es doch aber zum Tod durchaus einige Antworten gäbe, die uns die Religionen vermitteln: Wir sterben, weil Gott uns zu sich ruft, weil alles seine Zeit hat, oder: Wenn man tot ist, kommt man zu Gott und wird sich vor ihm verantworten müssen für sein Leben...

Es steht Ihnen natürlich frei, nach Ihrem Glauben zu antworten. Wichtig scheint mir aber, daß Sie dem Kind auch vermitteln, daß es sich dabei um *Ihre persönliche Überzeugung* handelt und daß jeder Mensch seine eigenen Antworten dazu braucht und finden muß. Es ist ratsam, Kinder schon früh zu ermuntern, eigene Überlegungen anzustellen, denn das unkritische Übernehmen von religiösen Vorstellungen führt nur allzu oft dazu, bei den ersten Zweifeln im rebellischen Alter gleich die ganze Religion über Bord zu werfen. Die Orientierungslosigkeit, die dann entsteht, kann Heranwachsende eines Tages in große Schwierigkeiten bringen, denn es macht sie anfällig für allerlei modische Ersatzideologien.

> Religiöse Antworten auf die großen Fragen können dem Gläubigen eine taugliche Lebenshilfe sein.
> Sie werden dann problematisch, wenn sie mit dem Anspruch gekoppelt sind, die allein gültige Wahrheit zu vermitteln.

Aber Kinder brauchen doch einen Halt! Werden sie nicht verunsichert, wenn wir in unseren Antworten nicht eindeutig sind? fragen mich manchmal besorgte Eltern. Ich stimme dem zu, denn ich bin aus Erfahrung davon überzeugt, daß wir alle Halt brauchen im Leben, und wenn wir als Kinder mit doppeldeutigen Aussagen von unseren Bezugspersonen konfrontiert sind, ist es sehr schwer, diesen Halt und damit das nötige Vertrauen ins Leben zu bekommen. Nur: Was ist es denn genau, das wir als Halt nutzen können? Sind wir für Kinder weniger eindeutig, wenn wir ihnen klarmachen, daß nicht alle Menschen so denken und glauben wie wir?

Mit dieser Tatsache werden sie ohnehin konfrontiert sein, sobald sie nicht mehr ausschließlich im Elternhaus verkehren. Dann müssen sie sich für eine eigene Haltung entscheiden, denn die Eltern oder ihre Lehrpersonen werden nicht immer für sie dasein können. Der beste Halt wäre deshalb doch wohl ihre eigene klare Vernunft, ihre verläßliche Herzensstimme, ihr gutes Selbstbewußtsein und ihre mutige Urteils- und Entscheidungsfähigkeit. Auch der Glaube kann sie tragen, wenn er (eigenen) kritischen Anfragen und Zweifeln nicht ausweicht. Ein unhinterfragter, einfach nur übernommener Glaube aber birgt große Gefahren in sich, besonders dann, wenn er sich aus Angst vor Widersprüchen den objektiven Realitäten des gesellschaftlichen Lebens verschließt oder wenn er auf stark leitende Führerfiguren angewiesen bleibt. So haben zum Beispiel Untersuchungen über die Sektenanfälligkeit von Jugendlichen deutlich erkennen lassen, daß die vermeintlich »braven«, zu »eindeutiger« Ordnung und Anstand erzogenen Mädchen und Burschen viel eher gefährdet sind, weil sie sich von klein auf daran gewöhnt haben, andere für sich denken und entscheiden zu lassen.

Wenn wir mit Kindern und Jugendlichen über ihre religiösen und philosophischen Fragen diskutieren und ihnen dabei helfen, eigene Ansichten zu entwickeln, auch wenn sich diese nicht mit den unsrigen decken sollten, dann geben wir ihnen die Möglichkeit, den nötigen Halt für ihre Lebensreise in sich selbst zu finden.

Die Kinderphilosophie schlägt deshalb vor: Lassen Sie so oft wie möglich schon die kleinen Kinder auf ihre Fragen eigene Antworten suchen! Wenn sie nicht weiterwissen, ermuntern Sie sie, Vermutungen anzustellen oder sich einfach mal verschiedene Möglichkeiten auszudenken. Auch Ihre Vorschläge sind zwar willkommen, aber bitte mit Zurückhaltung, damit ein Kind genug Raum behält für seine Gedanken. Wenn dann ein paar Ideen vorliegen, wird gemeinsam untersucht, was davon wirklich zutreffen könnte oder was doch eher ins Reich der Phantasie gehört. So umkreisen Sie miteinander im Gespräch die gestellte Frage, bis diese einiges von ihren Geheimnissen preisgibt.

Exkurs

Zum Verhältnis von Philosophie und Religion

Vom Anliegen her haben beide viel Gemeinsames: Es interessiert sie alles, was mit Gott und Mensch, mit Seele, Tod und Jenseits, mit Moral und Sinn zu tun hat.

Der Unterschied liegt in der Weise des Herangehens an diese Inhalte: Alle Religionen kennen in ihren Traditionen Erklärungen und Deutungen, Gebote und Richtlinien für das Leben hier und in einer jenseitigen Welt. Sie bieten Antworten auf die großen Fragen, und wer glauben kann, verläßt sich vertrauensvoll darauf. Wem dies nicht vorbehaltlos gelingt, der/die wird sich selbst auf die Suche begeben müssen nach glaubhaften Erklärungen und Vorstellungen, wie man zu leben habe. Und hier beginnt das Philosophieren.

Ein weiterer Unterschied besteht in der Ausdrucks-

form der geglaubten oder gesuchten Inhalte: Religionen bedienen sich im allgemeinen wohl öfter der bildhaften, mythischen Sprache, während sich die Philosophie dem Logos (Vernunft, Wort) verpflichtet fühlt. Daß sich die damit ausgedrückten Erkenntnisse aber nicht grundsätzlich widersprechen müssen, haben wir bereits im zweiten Kapitel (von den Anfängen der Welt) gesehen. Trotz ihrer Unterschiedlichkeit brauchen sich Religion und Philosophie nicht zu konkurrenzieren, sowenig wie wir Menschen uns nicht einseitig nur aufs Gefühl oder allein auf den Verstand als Entscheidungswerkzeug beschränken sollten. Wie so oft liegt auch hier der Sinn in der dynamischen Verbindung von beidem:

Über den Glauben kann und darf philosophiert werden, und wer in die Tiefen der Philosophie taucht, wird dort auf Grundsätze stoßen, die ihre Wurzeln im Glauben haben. Es scheint, daß sich nicht nur Wissenschaft und religiöser Glaube, sondern auch Religion und Philosophie letztlich irgendwo die Hand reichen. Zum Vergleich: Lesen Sie doch bitte noch einmal nach, was von Einstein im zweiten Kapitel dazu zitiert worden ist!

Alle Völker haben Religionen entwickelt. Vertrauen wir doch darauf, daß Kinder sich ganz unbeschwert ihre eigene »nach-erfinden« werden, wenn sie dazu Gelegenheit bekommen. Sie werden sich in unserer diesseitigen Welt geborgen fühlen, wenn wir ihnen als LebensbegleiterInnen mit Kopf und Herz beistehen. Und sie werden sich daraus eine jenseitige »Heimat« ableiten, wenn es ihrem Bedürfnis entspricht. Oder könnte es sogar sein, daß sie sich daran noch irgendwie erinnern…?

Zusammenfassende Tips für den Umgang mit Kinder-
fragen (nicht nur zu solchen um den Tod)

Wenn Sie von einer Frage überrascht werden:
1. Nicht gleich antworten! Gönnen Sie sich zuerst eine Denkpause!
2. Warum fragt Sie das Kind? Was braucht es jetzt von Ihnen? In welcher Gefühlslage befindet es sich? Wenn Sie es nicht mit Sicherheit wissen können, erkundigen Sie sich behutsam: Wie kommst du denn auf diese Frage? Oder: Hast du vielleicht ein wenig Angst vor dem Tod?
3. Jetzt wissen Sie besser Bescheid, was das Kind tatsächlich von Ihnen will: Eine Auskunft? Einfach Kontakt? Ein Gespräch oder nur eine beruhigende Umarmung?
4. Wenn es eine reine Sachfrage war, zeigen Sie dem Kind, wie es sich die Antwort selbst beschaffen kann, oder Sie überlegen das Vorgehen gemeinsam. Dies fördert die Selbständigkeit und verhindert, daß Sie allzu oft in die Rolle des/der Liefernden geraten. Wenn es sich aber um ein philosophisches, religiöses oder ein moralisches Problem handelte, dann gilt es, die Frage zurückzugeben: »*Was denkst* du *denn, was ist, wenn man tot ist? Hast du denn eine Vorstellung, wie es sein könnte?*«
5. Philosophisch ungeübte oder bereits etwas denkmüde Kinder werden jetzt vielleicht einfach »nein« sagen und darauf warten, daß Sie das Problem lösen. Dann braucht das Kind wahrscheinlich eine einladende Vermutung Ihrerseits, oder manchmal hilft auch eine provokative Behauptung, die Widerspruch auslöst. Erklären Sie dem Kind, daß man gar nicht unbedingt

schon alles auf Anhieb beantworten können muß, und versuchen Sie, zur Erhellung der Frage ein philosophisches Hebammengespräch anzuzetteln.

Wenn Sie jetzt Lust bekommen haben, diese methodischen Impulse ein wenig zu üben, spielen Sie die fünf Punkte für sich doch einmal durch, zum Beispiel zu der allfälligen Kinderfrage: »Kommt mein Meerschweinchen auch in den Himmel?« Wie würden Sie reagieren? Geben Sie sich nicht mit einer einzigen Idee zufrieden, sondern versuchen Sie, bei jedem Punkt mehrere mögliche Varianten des Gesprächsverlaufs zu finden.

Weitere Kinderfragen rund um den Tod:
– Warum ist Tante Irene gestorben?
– Warum sterben auch Kinder?
– Kann mich die Oma noch sehen, wenn sie gestorben ist?
– Wie sieht es im Himmel aus?
– Gibt es dort auch Fischstäbchen?
– Wird Gott naß, wenn es regnet?
– Gibt es wirklich eine Hölle?
– Warum ziehen sich die Leute schwarz an bei der Beerdigung?
– Weshalb darf ich nicht in den Sarg schauen?
– Wieso gibt es so kleine Gräber? Da hat ja gar kein Mensch Platz drin!
– Wie kann die Seele aus dem Grab raus?
– Was ist überhaupt die Seele?
– Wie kann man sich wiedererkennen, wenn man keinen Körper mehr hat?
– Kommt man wieder einmal auf die Welt zurück?

Gute Fragen stellen

Kleinere Kinder haben selten Probleme, treffende Fragen zu stellen. Ganz unbekümmert fragen sie ebenso nach Gott oder Tod wie nach der Uhrzeit oder dem Mittagessen. Eher haben die angesprochenen Erwachsenen damit Mühe, denn meist haben sie sich angewöhnt, Antworten zu geben und nicht Fragen zu stellen. Viele fühlen sich als verantwortungsbewußte Erziehende geradezu verpflichtet, immer Bescheid zu wissen.

Schulkinder und Jugendliche stehen irgendwo dazwischen. Leider hat ihnen ein vor allem auf Wissensvermittlung ausgerichteter Unterricht das Fragen oft schon beinahe abgewöhnt, und mit den Fragen haben sie nicht selten auch die Lernmotivation verloren. Deshalb wird in den neueren Schulen vermehrt Wert auf Eigenaktivität, entdeckendes Lernen und Wahlmöglichkeiten gelegt, und damit bekommt auch das richtige Fragen wieder seinen Stellenwert.

> Philosophieren im weitesten Sinne bedeutet, mit Hilfe guter Fragen grundsätzliche Erkenntnisse zu gewinnen, die einem im Leben weiterhelfen.

An zwei Beispielen möchte ich zeigen,
a) wie Erwachsene gute (Hebammen-)Fragen stellen können und
b) wie Schulkinder wieder fragen lernen.

Gesprächsfördernde Fragen zu Kinderbüchern

Zum Thema Tod gibt es eine ganze Reihe sehr guter Kinderbücher. Einige werde ich bei den Literaturhinweisen noch vorstellen. Hier beginne ich mit einem Bilderbuch von MAX VELTHUIJS, das eigentlich für Vorschulkinder verfaßt wurde. Es heißt »*Was ist das?*« *fragt der Frosch* und ist bei Sauerländer erschienen. Es gibt auch eine Videoversion davon, die sich gut für (Kindergarten-)Klassen eignet. Obwohl sich das Buch an die Jüngsten richtet, würde ich nicht zögern, die Bilder auch in der Primarschule als Gesprächseinstieg zu zeigen, dort allerdings mit einer Vorbemerkung: »Ihr seht ja auch, daß dies ein Buch für Kleinere ist. Ich möchte aber wissen, was ihr davon haltet und ob das Thema für euch doch interessant ist.« Mit dieser Einleitung zeige ich größeren SchülerInnen, daß ich sie ernst nehme, und auf diese Weise habe ich schon oft intensive Gespräche mit einem guten Bilderbuch auslösen können – auch bei Erwachsenen!

An einem Herbsttag entdeckt Frosch eine bewegungslose Amsel im Gras. Besorgt fragt er seine Freunde, was mit ihr sein könnte. Auf sehr schöne und einfache Weise beginnen alle zu verstehen, was Tod bedeutet und wie schön das Leben sein kann. Das ist kein Widerspruch für den, der einmal erlebt hat, mit welch tiefer Anteilnahme und auch Freude und Befriedigung Kinder tote Tiere beerdigen.

Dies steht auf der Rückseite des Buches, und zu den folgenden Teilaspekten des Themas können wir Kinder mit der Geschichte ins Gespräch führen: Was bedeutet »tot«? Was »lebendig«? Sterben alle? Was ist danach? Ist der Tod etwas Schlimmes? Wann darf man nach einer Beerdigung wieder fröhlich sein?

Oft lohnt es sich, eine Geschichte nicht als Ganzes zu erzählen, sondern bei einigen der Bilder innezuhalten, um Fragen zu stellen wie diese:

138

- Habt ihr so etwas auch schon erlebt? (Erfahrung ansprechen) Erzählt!
- Was stimmt denn nicht mit der Amsel? Was soll nicht gut daran sein, wenn sie sich nicht bewegt? (Hinterfragen)
- Könnte es andere Gründe geben, daß sie reglos ist? (Alternative Möglichkeiten suchen)
- Woran merkst du denn außerdem noch, ob ein Tier tot oder lebendig ist? (Merkmale für »lebendig« suchen)

Beim nächsten Bild erklärt Schweinchen dem Frosch, daß die Amsel wohl schlafe. »Aber eigentlich glaubte es das selbst nicht.« Die ebenfalls dazukommende Ente meint, der Vogel sehe irgendwie krank aus, und der etwas erfahrenere Freund Hase stellt schließlich fest:

›Sie ist tot.‹ ›Tot?‹ fragte der Frosch. ›Was ist das?‹ Der Hase zeigte zum Himmel hoch. ›Alles stirbt einmal‹, sagte er. ›Wir auch?‹ fragte der Frosch. ›Ja, wenn wir alt sind‹, sagte der Hase.

An dieser Stelle würde ich zum zweiten Male anhalten.
- Stimmt es, daß alles einmal stirbt? Selbst ein Stein oder ein Spielzeug?
- Welche »Dinge« können denn sterben? Ist Sterben und Kaputtgehen dasselbe? (Begriff klären)
- Wann sind wir alt? Sterben nur alte Menschen? (Hinterfragen)
- Wann ist ein Hund alt? Oder ein Baum? Oder ein Ball? (Wort differenzieren)
- Wie findet ihr das, daß wir alle einmal sterben werden? (Meinungen erfragen und begründen lassen)
- Wieso zeigt eigentlich der Hase zum Himmel hinauf?
- Glaubt ihr, daß man wirklich dort hinauf gehen wird? (Hinterfragen)

Je älter die Kinder sind, desto detailliertere Antworten dürfen wir erwarten oder erfragen. Zum Beispiel zur Frage: »Was bedeutet eigentlich ›lebendig‹ genau?« oder: »Was ist nicht mehr gegeben, wenn ein Tier tot ist?« wissen Zehnjährige schon eine ganze Menge Merkmale: Die Bewegung (des Vogels) ist nur eines davon, Atmung wäre ein weiteres, ebenso sich ernähren und fortpflanzen, wachsen, singen, Nest bauen… Zur Differenzierung fragen wir weiter:

– Trifft dies alles auch auf Pflanzen zu? Was davon? Bei allen Pflanzen?
– Gibt es bei uns Menschen vielleicht noch andere als die genannten Merkmale?
– Und wie steht es mit den Steinen? Sind die etwa auch lebendig? Kristalle *wachsen* doch?
– Gibt es verschiedene Arten von Lebendigsein?

Jugendliche könnten sich zusätzlich überlegen, weshalb man von einer Geschichte manchmal sagt, sie sei lebendig, oder ob und wie zum Beispiel ein Fluß lebendig genannt werden kann.

Die Tierfreunde in Velthuijs' Geschichte machen sich sodann an die liebevolle Beerdigung des toten Vogels, denn

›Ihr ganzes Leben lang hat sie so schön für uns gesungen‹, sagte der Hase. ›Nun hat sie ihre Ruhe verdient.‹

Kleine Kinder fragen wir hier wieder nach ihren eigenen Erfahrungen mit Tierbegräbnissen und nach den Gründen für ihre diesbezüglichen Handlungen. Pubertierende dagegen überlegen sich anhand des Textes vielleicht eher, wann ein Leben seine Erfüllung gefunden hat, so wie bei der Bilderbuchamsel:

– Wann ist ein Vogelleben abgerundet und wann das eines Menschen?
– Kann es sein, daß ein Kind, das an einer Krankheit stirbt, dennoch ein sinnvolles Leben gehabt hat?
– Worauf kommt es an, damit wir dies sagen würden?

Und immer wieder fordern wir auch die großen Schüler-Innen auf, ihre Meinungen zu begründen.

Nach gebührendem Ernst bei der Beerdigung ziehen die Bilderbuch-Freunde ruhig von dannen »und dachten alle nach«.

Da sprang plötzlich Frosch voraus. ›Los, wir spielen Fangen!‹ rief er ausgelassen. ›Du bist es, Schweinchen!‹ Dann spielten und lachten sie, bis die Sonne unterging. ›Ist das Leben nicht wunderschön?!‹ sagte der Frosch.

– Wie können die nur so fröhlich sein, wenn doch jemand gestorben ist!
– Darf man das? Was spricht dafür, was allenfalls dagegen?
– Oder für Jugendliche: Wie findet ihr den Brauch des Leichenmahles, bei dem es oft hoch zu und her geht?

Hier ließen sich sowohl mit kleinen wie mit größeren Kindern gängige Moralvorstellungen hinterfragen. Gibt es vielleicht gute Gründe dafür, bei Todesfällen immer nur ernste Mienen zu machen, oder zeigt sich uns das Leben nicht gerade dann als besonders wertvoll, wenn das eines anderen Menschen zu Ende gegangen ist?

> Ein Bilderbuch, für Fünfjährige geschaffen, kann durch solche Fragestellungen selbst bei Jugendlichen zum lockeren Einstieg in sehr ernsthafte philosophische Gespräche dienen.

Aber es muß natürlich nicht immer ein Bilderbuch sein. Für etwa Neun- bis Zwölfjährige lassen sich ähnlich tiefgründige Fragen stellen zum Beispiel anhand des Kinderromans von PETER HÄRTLING: *Alter John* (Beltz & Gelberg 1990). Es geht dort um einen schrulligen Großvater, der nach gründlichen Überlegungen bei der Familie seines Sohnes einzieht. Die Enkelkinder erleben viele Überraschungen mit ihm. »Kurz, Alter John hält alle und jeden in Atem. Aber Alter John wird auch krank. Und eines Tages stirbt Alter John.«

Eine sehr alltagsnahe, warmherzige und humorvolle Geschichte, die viele Fragen über das Zusammenleben, über die gängige Moral und über das Sterben einer geliebten Person aufwirft. Kinder können sich leicht identifizieren mit Laura und Jakob, die manchmal über Großvaters Ansichten und Benehmen staunen.

Es sind immer wieder ähnliche Vorgehensmuster:
1. Nicht alles gleich so hinnehmen, wie es gesagt wird, sondern durch Hinterfragen sich selber über die Richtigkeit des Gesagten vergewissern.
2. Nach den persönlichen Ansichten der Kinder fragen und sie ihre Gründe dafür formulieren lassen.
3. Worte genauer untersuchen und ihre Bedeutung auskundschaften, das heißt: die Begriffe gemeinsam klären.

Wieder fragen lernen

Wenn Kinder schon so ans Reproduzieren von gelerntem Wissen gewöhnt sind, daß sie kaum mehr eigene Fragen stellen, ist es höchste Zeit für ein paar ungewöhnliche

Spiele. Zum Beispiel: Die Antwort heißt »drei«.
Welche Fragen passen davor?
– Wie spät ist es?
– Wie viele Kinder seid ihr zu Hause?
– Was gibt 1 + 1 + 1?
– Welche Zahl kommt häufig in Märchen vor?
– und so weiter
Gewonnen hat, wer am längsten durchhält mit neuen
Fragen.

Oder: Die Antwort lautet »mit Wasser«. Was könnte ge-
fragt worden sein?
– Womit kriege ich diesen Fleck weg?
– Wie kocht man Spaghetti?
– Womit verscheucht man eine Katze?

Oder: Die Antwort ist »grübeln« ... usw. Der Phantasie
sind keine Grenzen gesetzt, und die »Antwort-Fragen«
dürfen auch auffällig ausgefallen ausfallen!

Ein anderes Spiel geht darum, daß eine Person kurz den Raum verläßt, damit die andern sich beraten können. Wenn sie dann hereingerufen wird, soll sie durch möglichst wenige geschickte Fragen herausfinden, welchen Gegenstand sich die Gruppe gemerkt hat. Die Fragen dürfen nur mit Ja oder Nein beantwortet werden:

– Handelt es sich um ein Lebewesen?
– Ist es weiblich?
– Trägt es einen roten Pulli?

Ähnliche Spiele ließen sich erfinden zu einer Bildkarten-Sammlung, die man selbst malen oder bekleben könnte.

In verschiedenen Lehrmitteln zur Kinderphilosophie finden sich natürlich auch Übungen zum Fragenlernen. Stellvertretend für viele, die zur Zeit in Deutschland wegen der Einführung des Ethikunterrichts in den Grundschulen auf den Markt gelangen, sei hier eines der neusten vorgestellt. Es heißt *Sterben Äpfel auch?* und wurde herausgegeben vom australischen Kinderphilosophen Philip Cam (Verlag an der Ruhr 1996).

In einem Textbuch hat CAM kleine philosophische Geschichten für Kinder und Jugendliche zusammengetragen. Sie wurden verfaßt von international führenden KinderphilosophInnen wie dem amerikanischen Pionier MATTHEW LIPMAN oder seiner Mitarbeiterin ANN MARGARET SHARP und anderen.

Dazu hat CAM eine Arbeitsmappe geschaffen mit allerlei Denkübungen und -spielen zu jeder der Geschichten. Hier ein Beispiel daraus, das zu seiner an die jungen LeserInnen gerichteten Einleitung paßt:

Übung

Fällt dir
eine Frage ein?

Hier wird für acht Typen von Fragen
jeweils ein Beispiel gesucht.

1 Eine Frage, deren Antwort du weißt.

---

2 Eine Frage, deren Antwort du nicht weißt.

---

3 Eine Frage, die niemand beantworten kann.

---

4 Eine Frage, auf die es mehr als eine gute Antwort gibt.

---

5 Eine Frage, die du beantworten kannst,
wenn du ein Buch zu Hilfe nimmst.

---

6 Eine Frage, die du nicht beantworten kannst,
indem du schnell mal in einem Buch nachschlägst.

Das dritte Element dieses Lehrmittels ist ein Theorie-
buch zur aktuellen Kinderphilosophie. Es heißt *Zusammen nachdenken*. Der Verlag schreibt darüber:

*Zusammen nachdenken zeigt, wie Sie auf der Grundlage von
Geschichten Kinder zum Nachdenken anregen und mit ihnen
zusammen philosophische Fragestellungen erörtern können. Es
zeigt, wie Sie mit Ihrer Klasse eine Forschungsgemeinschaft bil-*

145

den können. Philip Cam stellt hier die Techniken des Fragens, der Gruppendiskussion und zahlreiche Aktivitäten vor, die Sie fächerübergreifend in der Grundschule und der Sekundarstufe 1 einsetzen können, um die Denk-Fertigkeiten Ihrer SchülerInnen zu entwickeln.

Das Buch wurde zwar für Lehrkräfte geschrieben, dennoch leistet es auch Eltern, die sich gründlicher mit den philosophischen Techniken auseinandersetzen möchten, gute Dienste. Viele der Anregungen lassen sich auch in Familiengesprächen anwenden; zudem ist das Buch als eigene Weiterbildung für philosophisch interessierte Laien gut lesbar.

Sollten Ihre Kinder gar nicht so viele Fragen stellen, wie Sie es gerne möchten, hilft Ihnen vielleicht das kleine Gedicht aus einem Büchlein »zum Dichten, Zeichnen und Nachdenken für Grundschulkinder und Eltern« weiter. Es trägt den Titel *Der Tag ist eine Honigblüte* und wurde verfaßt von der Hamburger Kinderphilosophin BARBARA BRÜNING (erschienen in ihrem eigenen »Verlag für Kinder und Eltern« in Hamburg 1986):

Fragenlernen kann Spaß machen. Es wäre aber wohl trotzdem sinnvoll, den Kindern das Fragen erst gar nicht abzugewöhnen! Wenn Sie sich befreien vom Anspruch, Ihren Kleinen möglichst oft auf die tausendundeins Warum-Fragen zu antworten, und dafür öfters mal die Fragen an die Kinder zurückgeben, werden Sie bestimmt mindestens zwei lohnende Erfahrungen machen: Oft wissen die Knirpse, die so viel fragen, längst auch eine Antwort und brennen nur darauf, Ihnen diese stolz präsentieren zu dürfen, und zweitens werden Sie beim Weiterphilosophieren interessante, originelle, lustige und

146

tiefgründige Gedanken Ihrer Kinder mitbekommen, die Sie ihnen vielleicht gar nicht zugetraut hätten. Freuen Sie sich auf spannende Gespräche!

Wohin gehen wir?
Kinder machen sich ihre Gedanken!

Wenn über den Tod philosophiert wird, taucht natürlich immer auch die Frage auf: Und was kommt danach? Gibt es ein Weiterleben an einem anderen Ort, in einer anderen Form oder gar eine Rückkehr, ein neues »Auf-die-Welt-Kommen«? Kinder lieben es, darüber zu spekulieren. Im Gegensatz zu vielen Erwachsenen nehmen sie sich das Thema oft nicht nur mit bitterernster Miene vor, sondern sie phantasieren nicht ohne Humor munter drauflos.

Wenn ich mit einer Kindergruppe über das Danach spreche, will ich ihnen diese erfrischende Leichtigkeit keinesfalls abgewöhnen. Damit das Gespräch aber nicht einfach zu Schlaraffenlandgeschichten ausartet, frage ich hie und da interessiert nach:

– Denkst du, daß es *wirklich* so sein könnte, oder ist es eher dein Wunsch, daß es so wäre?
– Was spricht dafür, daß es so sein könnte?
– Was hast du darüber denn schon gehört oder gelesen?
– Was würde uns guttun, darüber zu wissen?

Kinder bis etwa neun Jahre lasse ich ihre Vorstellungen auch zeichnen, denn dies entspricht ihrem bildhaften Verstehen, und manchmal ergeben sich anhand der Tätigkeit die Worte dazu fast wie von selbst.

Auf keinen Fall bewerte ich die Kindergedanken, ob in

Wort oder Bild geäußert, als »richtig« oder »falsch«, sondern ich versuche mit Rückfragen immer genauer zu verstehen, weshalb ein Kind zu einer bestimmten Auffassung kommt. Ich lasse es auch wissen, wenn mir etwas seltsam oder unwahrscheinlich vorkommt, und ich fordere es auf, seine Ansicht zu begründen. Mein Ziel besteht darin, daß die Kinder miteinander ähnlich respektvoll und kritisch umgehen lernen.

> Es trifft nicht zu, wie manche glauben, daß beim Philosophieren einfach alles Gesagte als richtig anzunehmen sei, weil es ja um Fragen gehe, die niemand wirklich beantworten könne. Spekulieren bedeutet nicht, blindlings drauflos zu phantasieren, sondern man arbeitet unter Zuhilfenahme gründlicher Überlegungen und klarer Logik die *wahrscheinlicheren* Antworten aus den vielen *möglichen* heraus.

Welche Gedanken in einem auf diese Weise geführten philosophischen Gespräch zusammenkommen, zeigt das folgende Beispiel. Acht SechstklässlerInnen hatten mich dazu im »Käuzli« (siehe Seite 189) besucht.

Die Zwölfjährigen wußten von JOSTEIN GAARDERS Roman *Durch einen Spiegel, in einem dunklen Wort* (Hanser 1996), ohne Genaueres davon zu kennen. Die Geschichte handelt von einer todkranken Vierzehnjährigen, die auf dem letzten Weg »durch den Spiegel« in die »andere« Welt von einem Engel begleitet wird. Ich fragte die SchülerInnen nach ihren Vorstellungen darüber, was »hinter dem Spiegel« allenfalls sein könnte. Schon nach einigen wenigen Gedanken über Himmel und Hölle verknüpften sie spontan das Dasein nach dem Tod mit dem Wiedergeborenwerden.

Tobias: »Ich denke, daß man, wenn man gestorben ist, vielleicht
nachher einfach wieder geboren wird.«
Tanja: »Das habe ich mir auch schon überlegt, ob man dann vielleicht als Pflanze wieder auf die Welt kommt…«
Yvonne: »Ja, oder vielleicht als anderer Mensch oder als Tier, und
daß dann die Seele immer mehr Erfahrungen sammeln kann.«
Conny: »Ich habe auch schon gedacht ›das hast du doch schon
mal erlebt‹, da könnte es doch sein, daß ich jetzt im zweiten Leben bin…«

Wenn das so wäre, daß wir mehrmals auf die Welt ins Leben kämen, wie denkt ihr euch dann das Dazwischen?

Tanja entwickelte eine anschauliche Theorie, die nur zu Beginn
einige Heiterkeit auslöste. Bald aber sponnen andere den Gedanken weiter: »Ihr müßt euch das so vorstellen: Es ist so etwas wie
ein Teller. Außendran ist eine Kolonne von Menschen. Auf der
anderen Seite auch, und wenn jemand stirbt, geht er aus der
Reihe weg, und einer von der anderen Seite kann nachrücken,
und so geht das immer weiter rundum.«
Martin: »Es sterben doch laufend alte Menschen… und auch
junge, und deshalb ist vielleicht in den Babys, die geboren werden, die Seele von einem alten Menschen, der gestorben ist,
drin.«
Nicole vermutete: »Vielleicht leben die Gestorbenen auf einem
anderen Sonnensystem weiter.«
Und Tobias: »Es gibt vielleicht mehrere Orte, irgendwo außerhalb des Weltalls, und dann gibt es so etwas wie einen Kreislauf,
wo man immer außen rumgeht und wieder ankommt.« Doch die
Gestorbenen kommen vielleicht erst nach längerer Wartezeit
wieder: »Vielleicht stehen sie an einer Haltestelle oder an einem
Lichtsignal und warten, bis es grün wird«, vermutet jemand verschmitzt.
Yvonne: »Wenn einer stirbt, dann steht er hinten an, und vorne
fällt ein anderer runter *(auf die Erde?)*. So sind es immer gleich
viele dort auf dem Teller und unten auf der Erde.«

Es gibt doch aber immer mehr Menschen, wie kommt denn das?
Tanja: »Es kann ja sein, daß, wenn jemand stirbt, eine andere Frau Vierlinge bekommt oder Zwillinge…«, und Martin rechnet mit einer Vervielfältigung durch Seelen-Teilung: »Für jede alte Seele können zwei neue Kinder entstehen.«

Mathias ist nicht überzeugt, ob wirklich alle wiederkommen, denn »einem Schwerverbrecher kann Gott vielleicht nicht mehr verzeihen, weil er so viel Unrecht auf der Welt geschaffen hat«. So einer bliebe dann in der »Hölle«, einem Ort, den Mathias als äußerste Gottferne beschreibt: »Schön eingerahmt, in weiter Ferne, so daß keiner rauskann… Aber mit einer Rakete kann man dort natürlich nicht hinfliegen!«

Yvonne: »Ich denke, vielleicht sind die Gestorbenen aber auch hier auf der Erde und schauen uns zu. Sie sind einfach unsichtbar und können nicht mit uns reden.« Marcel: »Ich denke auch, daß wir durchsichtig werden, so eine Art Geist, der dann durch die Wohnung gehen kann.«

Wie kommst du darauf, so zu denken?
Marcel: »Ich habe es mir einfach mal so gedacht.«

All diese Gedanken purzelten förmlich aus den Kindern heraus.

Als Gesprächsleiterin konnte ich mich darauf beschränken, ab und zu nachzufragen, welche Gründe für eine geäußerte Meinung sprächen. Damit forderte ich zu eigenen Überlegungen auf, damit nicht einfach irgendwo aufgeschnappte Theorien übernommen wurden. Zudem besteht die Leitungsaufgabe darin, das Thema zu »hüten«, damit das Gespräch nicht in alle möglichen Sackgassen abdriftet.

Am Schluß waren wir bei der Verwandtschaft von Schlaf und Tod angelangt, was durchaus ins Thema paßte, ist doch der Traum ebenso eine Art von »Wirklichkeit hinter dem Spiegel«, wie ein allfälliges Jenseits.

Oder wie es der zwölfjährige Tobias mit seinen einfachen Worten ganz analog zu großen Dichtern formulierte: »Vielleicht ist das Leben hier auch nur ein Traum, und wenn man stirbt, erwacht man erst ins richtige Leben hinein.«

Für das zweite Beispiel bat ich die vierzehnjährige Rahel, die GAARDERS Buch »Durch einen Spiegel, in einem dunklen Wort« gelesen hatte, mir ihre Gedanken über den geheimnisvollen Titel des Romans mitzuteilen. Sie sandte mir einige Tage später die Kopien aus ihrem »chinesischen Tagebuch«, in das sie – wie Cecilie in der Geschichte – ihre philosophischen Überlegungen notiert. Auf sieben dicht beschriebenen Seiten erklärt Rahel die »sieben einfachen Wörter«, die so einfach gar nicht sind (siehe Kästchen).

> Jetzt stehen da 7 einfache Wörter und ich sollte über diese 7 einfachen Wörter nachdenken.
> Aber es ist nicht so einfach, denn, wenn man diese 7 einfachen Wörter richtig zusammensetzt, ist der Satz, der daraus entstanden ist, sehr sehr schwierig.
> Ich versuche es trotzdem, Schritt für Schritt und langsam. Gedanken brauchen manchmal Zeit, dafür sind sie nachher klar.

Hier ein paar Ausschnitte aus ihrem Gedankengang dazu:

– Auf der anderen Seite des Spiegels ist eine andere Welt, eine 4. Dimension...
– Sie ist schön und leicht, anders als wir sie kennen. Eine Welt

voller Farben, voller Musik. Violette Türme, die zum Himmel hinaufsteigen, sind zu sehen. Jede Blume ist aus warmen Farben, bunte Schmetterlinge fliegen umher, in der Luft liegt ein Duft, süßer als diese Düfte, die wir hier auf der Erde haben, Pferde mit bunten Mustern traben in der Landschaft umher, und berührt man nur ein Gräslein, entsteht ein Klang.

- So stelle ich mir die Welt auf der anderen Seite des Spiegels vor. Ein anderer macht sich ein anderes Bild. ... aber die Welt auf der anderen Seite kann man erst spüren und erleben, wenn man drin ist.
- Für diese Welt müssen wir durch den Spiegel gehen, wie durch eine Türe... Man kann nicht mit einer Rakete 100 Lichtjahre zurücklegen und dann auf einem fremden Planeten landen, der dann diese Welt ist. Die Welt befindet sich nicht »da«, sondern in einer vierten Dimension, die man so schlecht erklären kann.
- Der Spiegel ist nicht nur eine dünne Platte, sondern ein langer, dunkler Gang. Man muß da durchgehen, es ist einem *angst und bange* und man befürchtet das Schlimmste. Doch da sieht man schon ein helles Licht leuchten, am Ende des Ganges. Dann bekommt man Engelsgestalt, und schon ist man in der neuen Welt. Das Alte, Unangenehme kann man vergessen.
- Vielleicht ist der Tod das dunkle Wort und jene Welt das Leben nach dem Tod.
- Es gibt ja sogar Leute, die für kurze Zeit gestorben sind und in diesem Gang waren. Ich selber kenne eine solche Person.
- Ja, so stelle ich mir das Ganze vor. Es ist wahrscheinlich anders, aber für mich stimmt es so.

Weiterführende Literatur

Zur Beachtung: Im vorliegenden Kapitel der *Philosophischen Reise* wurde *der Tod als Thema des kindlichen Interesses und Fragens behandelt.* (Vergleiche dazu die Bemerkung auf S. 125/126) Die ersten der hier aufgelisteten Bücher befassen sich außerdem mit der *im Trauerfall notwendigen Begleitung.*

Tod und Trauer

MARIELENE LEIST: *Kinder begegnen dem Tod,* Gütersloher Verlagshaus 1993.
»Wie jeder von uns hat auch das Kind Angst vor dem Tod und trauert um tote Freunde und Verwandte. Vielleicht steht es sogar selbst vor der Bedrohung zu sterben, durch Unfall oder eine unheilbare Krankheit. Wie können wir dem Kind in dieser Situation beistehen, wie es in seiner Not und Hilflosigkeit verstehen?«

TOBIAS BROCHER: *Wenn Kinder trauern – Wie Eltern helfen können,* Rowohlt 1990.
Leicht verständlicher Ratgeber mit Beispielen von Kinderfragen und -gedanken zu Tod und Trauer.

VERENA KAST: *Trauern – Phasen und Chancen des psychischen Prozesses,* Kreuz Verlag 1992.
»Trauer ist ein Thema, das zu wenig beachtet wird, gemessen an der großen Bedeutung, die sie für unsere psychische Gesundheit hat.«

JORGOS CANACAKIS und ANNETTE BASSFELD-SCHEPERS: *Auf der Suche nach den Regenbogentränen – Heilsamer Umgang mit Abschied und Trennung,* Bertelsmann 1994. (Der Psychotherapeut Canacakis bietet auch Trauerseminare für Erwachsene und Kinder an. Kontaktadresse: Akademie für menschliche Begleitung, Goldammerweg 9, D-45134 Essen.)

Bilderbücher zu einzelnen Schwerpunkten

AMELIE FRIED und JACKY GLEICH: *Hat Opa einen Anzug an?* Hanser 1997.
Bruno will alles ganz genau wissen: Von der Frage, wie Opa an der »Beerdigung zu Erde gemacht wird« bis zu »Was ist die Seele?«.
Seine Eltern sind hilfreiche Vorbilder für einen guten Umgang mit Brunos Neugier und seinen Gefühlen.

FRANZ HÜBNER und KIRSTEN HÖCKER: *Großmutter,* Neugebauer 1992.
Tommys heißgeliebte Oma bereitet den Jungen feinfühlig darauf vor, daß sie nicht mehr lange zu leben hat.

SUSAN VARLEY: *Leb wohl, lieber Dachs,* Betz Verlag 1992.
»Die Tiere reden oft von der Zeit, als Dachs noch lebte… Es bleibt die Erinnerung an Dachs, die sie wie einen Schatz hüten.«

NICHOLAS ALLAN: *Gibt's im Himmel Schokolade?* Gerstenberg 1996.
Rufus hat die Einladung in den Hundehimmel erhalten. Bevor Lili ihn gehen läßt, gibt es viel zu erörtern. Witzig, liebevoll und tiefsinnig zugleich.

WENCHE ØYEN und MARIT KALDHOL: *Abschied von Rune,* Ellermann 1990.
»Abschied nehmen von Rune muß Sara, Runes beste Freundin, denn Rune ist beim gemeinsamen Spiel am Wasser ertrunken.« Ihre Mutter hilft Sara sehr behutsam, mit diesem Erlebnis fertig zu werden. Starke, traurige Bilder, mit denen kleine Kinder nicht allein gelassen werden sollten.

JOHN BURNINGHAM: *Wolkenland,* Sauerländer 1997.
Benjamin verunglückt und lernt das Wolkenland kennen. Als er wieder zu sich kommt, sitzen die Eltern an seinem Bett. Eine kindliche Phantasiereise? Ein Nahtoderlebnis? Burninghams geschickte Kombination von Zeichnungen und (Wolken-)Fotos rücken andere Welten und Realitäten ins Blickfeld.

Kinder- und Jugendbücher

ASTRID LINDGREN: *Die Brüder Löwenherz*, Oetinger 1973.
Schon so etwas wie ein Klassiker für Kinder ab zehn Jahren. Die abenteuerliche Geschichte zweier Brüder, die früh sterben und sich in Nangijala, dem Land hinter dem Tod, wiedersehen. Aber auch dort ist man sich seines Lebens noch nicht sicher...

GUDRUN MEBS: *Birgit – Eine Geschichte vom Sterben*, Sauerländer 1992.
»Birgit wird krank, sehr krank. Sie muß ins Krankenhaus. Hoffnung, Angst und Trauer verändern das Leben der Familie. Birgits kleine Schwester erzählt, wie sie die Tage bis zum Tod der älteren Schwester erlebt.«

MAJA GERBER-HESS: *Das Jahr ohne Pit – Ein Tagebuch*, Rex-Verlag 1989.
Das Buch, das sich für sehr ernsthafte Gespräche mit Jugendlichen eignet, behandelt den Selbstmord eines Klassenkameraden der achtzehnjährigen Monika. »Ein Happy-End gibt es keines, wohl aber ein Zeichen dafür, daß Niki da durchkommt.«

Der Tod in Religion und Philosophie

JACQUES LAAGER (Hrsg.): *Ars moriendi – Die Kunst, gut zu leben und gut zu sterben, Texte von Cicero bis Luther*, Manesse 1996.
Die unlösbare Verbindung von Leben und Tod in der Betrachtungsweise religiöser und philosophischer Denker und Mystiker von der Antike bis zum Humanismus.

5. Kapitel

DER KREIS RUNDET SICH

>*Ich lebe mein Leben in wachsenden Ringen,*
die sich über die Dinge ziehn.
Ich werde den letzten vielleicht nicht vollbringen,
aber versuchen will ich ihn.

Ich kreise um Gott, den uralten Turm,
und ich kreise jahrtausendelang;
und ich weiß noch nicht: bin ich ein Falke, ein Sturm
oder ein großer Gesang.«

Die Lebensreise: Wie sieht sie aus?
Wo liegt der Sinn?

An der letzten Station unserer philosophischen Reise und
damit beinahe am Ende des Buches angelangt, werfen wir
einen Blick über das Ganze, so wie es RAINER MARIA RILKE
mit seinem Gedicht anregt. Was mich persönlich an diesen Versen immer besonders berührt hat, ist der (bloß
scheinbare?) Gegensatz von in sich abgeschlossenen Ringen, die sich aber dennoch in offener Folge aneinanderreihen. Zwar mag einer dereinst als der letzte nicht mehr
vollendet sein, aber eben doch *enden*, dennoch soll sich
das »Kreisen um den uralten Turm« weiter vollziehen
über Jahrtausende?

Gibt es nun ein Ende oder doch nicht?
Kann beides zugleich zutreffen? Und was hat dieses
Rätsel mit der Kreisform zu tun?

Wenn man in Indien vom Weltende spricht, meint man damit, daß *ein Tag* im Leben des großen Gottes Brahma zu Ende geht und mit ihm auch seine Schöpfung, unsere Welt. (Sie erinnern sich? Es stand im 2. Kapitel über Schöpfung und Anfänge.) Doch dies ist nicht das Ende von *allem*, denn es folgen zahllose weitere Brahma-Tage und -Jahre, in einem ewigen Kreislauf von Erschaffung und Zerstörung der Welten, und dies wird auch nicht aufhören, wenn Brahma dereinst »stirbt«. Ein neuer Gott wird ihn ablösen, und wieder fängt alles von vorne an. So gibt es zeitlich zwar immer wieder ein scheinbares Ende, das aber durch neuerliche Kreisläufe wieder aufgehoben wird.

Eine andere Vorstellung vom Ende, diesmal räumlich statt zeitlich gedacht: Früher glaubte man, die flache Erdscheibe ende mit einem Rand, und wer es wagen sollte, den Meereshorizont aufzusuchen, würde dort abstürzen. Als sich die Weltumsegler dennoch auf die gefährliche Reise wagten, fanden sie, daß sie »am Ende« keineswegs verlorengingen, sondern nach einer vollen Umrundung der Erde wieder am Ausgangspunkt anlangten. Heute wissen wir, daß die Erde kugelförmig ist und daß es nur so aussieht, als bewegten wir uns auf einer Ebene.

Könnte es sein, daß es uns mit dem Leben ähnlich ergeht? Da es uns als relativ kurze Wegstrecke erscheint, meinen wir, es handle sich um eine mehr oder weniger gerade Linie von A (Geburt) nach B (Tod), wie bei einer kürzeren Reise die Krümmung der Erdoberfläche nicht spürbar wird. In Wirklichkeit aber ist unser Leben vielleicht nur der winzige Teil eines riesigen Kreislaufs, in den wir eingebettet sind? So wie ein »Brahma-Tag« samt Welterschaffung und -untergang eben nur eine Tagesepisode in Brahmas unendlich langem Leben darstellt.

Sind wir denn nicht allenthalben von ewigen Kreisläufen umgeben und in sie eingebettet: vom Wasserkreislauf über den Pflanzenkreislauf (Kompostierung) bis zum Kreislauf der Gestirne und unserer Jahreszeiten? Alles Werden und Vergehen vollzieht sich in Kreisen oder »Ringen«, wieso nicht auch unser Leben und Sterben?

PLATON war davon überzeugt, daß nach dem Halbkreis von der Geburt zum Tod ein zweiter sich anschließen müsse, den wir als »Tot-Seiende« in umgekehrter Richtung zurücklegen. In seinem wohl berühmtesten Dialog *Phaidon* erklärt er den Vorgang, und will damit die Unsterblichkeit der Seele »beweisen«. Auch die alten Ägypter dachten ähnlich: Nach ihrem Mythos durften die Seelen der Verstorbenen im Westen die Barke des untergehenden Sonnengottes besteigen, um mit ihm durch die Totenwelt zurück nach Osten zu fahren, wo sie, wie die Sonne selbst, anderntags wieder auferstehen würden.

Was schon vor Jahrtausenden in Indien, Ägypten, Griechenland gedacht und geglaubt wurde, denken große und kleine PhilosophInnen immer wieder von neuem. Zwar ist es nicht einfach, sich ein Bild vom Ganzen zu machen, wenn man vollauf damit beschäftigt ist, sein Leben einfach zu leben. Wir brauchen eine gewisse Distanz, damit wir den Überblick gewinnen können. Oder, um zu dem schon im Vorwort dieses Buches zitierten Bild vom Fluß zurückzukommen: Solange wir im Wasser strampeln und uns gerade noch knapp über Wasser halten, können wir kaum erkennen, welche Biegungen der Fluß noch nehmen wird. Daß er sich irgendwann ins Meer ergießt, bleibt uns ebenso verborgen wie die Tatsache, daß er – oder besser: sein Wasser – später einmal als Quelle irgendwo wieder hervorsprudelt.

Wenn ich also mehr über das große Geschehen wissen möchte, muß ich für eine Weile einen Schritt zurücktreten und mir den »Fluß« in Muße betrachten. Dann kann das Philosophieren beginnen!

Wie das geschehen könnte, habe ich in den bisherigen Kapiteln zu zeigen versucht. Hier ein paar letzte Beispiele solchen Philosophierens von Kindern und Jugendlichen, die sich ein Bild des Lebensverlaufs zu machen beginnen. Ich fange bei den Kleinsten an: »Mami, warst du auch einmal in einem Bauch drin?« wollte eine Vierjährige wissen. »Ja, natürlich, im Bauch deiner Oma.« Schon ging's weiter: »Und Oma? Und Urgroßmutter? Und Ururgroßmutter?…« Schließlich erklärte die Kleine resolut: »Dann waren alle, alle einmal im Bauch der Eva, nicht wahr?« Nun wissen wir doch endlich, weshalb die erste Frau diesen Namen tragen durfte – er bedeutet nämlich »Mutter des Lebens«!

Ein anderes Mal zeichnete uns ein Erstklässler einen Sonnenaufgang und einen Untergang auf dasselbe Blatt Papier. Das Thema, worüber wir zuvor philosophiert hatten, lautete: Was bedeutet eigentlich wachsen? Und so kommentierte der Siebenjährige seine Zeichnung: »Am

Anfang wird man geboren (er zeigte auf den Sonnen-aufgang), dann wächst man und wird größer und immer größer. Dann aber (er zeigte auf den Zenit) wird man immer kleiner und kleiner, und ganz zum Schluß, da stirbt man (Sonnenuntergang).« Damals wurde noch nicht über die untere Kreishälfte gesprochen, aber daß unser Leben sich in einer gebogenen Linie – in einer Spannung also – zwischen den Polen von Geburt und Tod vollzieht, dies schien das Kind intuitiv begriffen zu haben.

In einer fünften Klasse wurden im Fach Geometrie die verschiedenen Arten von Linien durchgenommen, die Gerade (kein Anfang, kein Ende), der Strahl (ein Anfangs-punkt, aber kein Ende) und die Strecke (mit Anfangs- und Endpunkt). Plötzlich meinte eine Elfjährige beim Zeichnen einer Strecke: »Das ist ja wie unser Leben: Am Anfang werden wir geboren, und am Ende sterben wir.« Ein Klassenkamerad widersprach ihr: »Aber es geht doch nach dem Tod weiter, nur eben anders!« Und schon fand sich auch jemand, der für die Gerade als Abbild unseres Lebensweges votierte: »Also, wenn du glaubst, daß es nach dem Tod irgendwie weitergeht, dann müßte es doch eigentlich vor der Geburt auch schon angefangen haben, oder nicht?« »Ja, genau neun Monate!« kicherte darauf ein aufgeklärter Klassenkamerad. Die Votantin präzisierte: »Ich meine doch noch vor der Zeugung! Oder was glaubst du denn, wo die Seele herkommen sollte, wenn nicht von dem Ort, wo sie nach dem Tod wäre?«

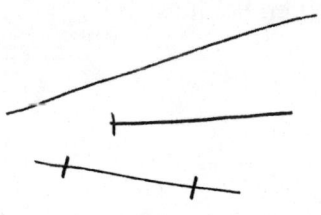

Die christliche Vorstellung einer von Gott aus dem Nichts erschaffenen Seele, die nach dem Tod bis in alle Ewigkeit weiterbesteht (das Bild des geometrischen Strahls), ist für die meisten Kinder eine eher unwahrscheinliche Idee. Was nach dem Tod irgendwie weiterlebt, müßte doch eigentlich auch vor dem Leben irgendwo gewesen sein, denken sie sich. Diese Erkenntnis ist für die kindliche Logik schon beinahe selbstverständlich.

> Wenn Uranfang und Ende aber auf einer Geraden lägen, müßte diese dann wirklich auch eine gerade Linie sein? Wenn unser Leben – irgendwo in tiefer Vergangenheit entsprungen – sich in eine ewige Zukunft hinein bewegte..., wie müßte man sich diese »Be-weg-ung«, diesen Lebensweg dann vorstellen?

Die beiden unbekannten »Enden« der »Lebensgeraden« in einer anderen Dimension irgendwie aneinanderzuknüpfen, ist für Kinder der plausible Folgeschritt. Und was könnte daraus anderes entstehen als eine Art von Kreis? Darauf kam der zehnjährige Tobias (im 2. Kapitel) genauso wie die Zwölfjährigen, die (im 4. Kapitel) über die Welt hinter dem Spiegel nachdachten, und in Nietzsches Buch *Also sprach Zarathustra* kommt der Gedanke ebenfalls vor (siehe Seite 52 im 2. Kapitel).

Auch der 15jährige Andreas, der sich im folgenden Aufsatz Gedanken über das Thema »Wege« macht, kommt zu ähnlichen Schlüssen:

Wege

Ich gehe auf einem Weg am See entlang, vor mir schlängelt er sich zwischen ein paar Bäumen hindurch. Ich schaue nach vorn, wo ist sein Ende? Ich schaue zurück, wo fing er an? Ich weiß es nicht. Hat der Weg überhaupt einen Anfang und ein Ende? Wenn man logisch denkt schon, denn jeder Weg hat einen Anfang und ein Ende. Aber stimmt das wirklich? Fängt alles mit der Geburt an und hört beim Tod unwiderruflich auf?

Irgend etwas muß doch schon vor der Geburt gewesen sein. Und nach dem Tod, hört dort alles auf, sogar die Zeit?

Ich glaube nicht, ich glaube an ein »Leben« nach dem Tod. »Leben« – kann man etwas so Großes und Schönes überhaupt noch mit einem einfachen Wort bezeichnen?

Das Leben auf der Erde, ist es nicht nur ein winziges Stück aus einem riesengroßen Kreisbogen? Und ist dieses winzige Stück nicht nur die Zeit der Gefangenschaft, in der das, was wir als die Seele bezeichnen, hier in einem so unvollkommenen Körper wie den unseren festgehalten wird?

Das einzige, das uns die Vollkommenheit dieser unendlichen Seele erahnen läßt, sind unsere Gefühle, die uns mit anderen Seelen verbinden. In diesen Momenten überschneiden sich diese Kreisbogen des Ewigen für einen kurzen Moment.

Ich glaube, daß sich während des Schlafes die Seele kurz vom Menschen trennt. So ist jeder Traum ein Stück Tod, und deshalb glaube ich, daß man vor dem Tod keine Angst haben muß.

163

Aber stimmt das Kreisbild wirklich immer? Oder entsteht vielleicht eher eine Spirale, bei der sich »wachsende Ringe« aneinanderreihen? Und wie sähe der »Weg« dieser Spirale im Raum aus? Würde er vielleicht wieder einen Kreis beschreiben, dann einen weiteren und noch einen…?

Die philosophische Reise im Überblick

Ich habe hier beschrieben, wie man im Alltag philosophieren kann: Im Bachbett fanden wir dazu sozusagen den »Stein des Anstoßes«, direkt vor unseren Füßen (1. Kapitel), das heißt, wir begannen die Gedankenreise beim Naheliegenden. Im zweiten Kapitel trafen wir Reisevorbereitungen (»den Proviant sammeln«) und untersuchten methodisch und thematisch verschiedene Anfänge, dann waren wir zusammen unterwegs als Menschen voller Gedanken, Gefühle und guter Absichten (3. Kapitel). Schließlich befaßten wir uns noch mit dem Tod, auf den wir alle zugehen (4. Kapitel).

> Was methodisch nun noch zu klären bleibt:
> Wie beendet man ein philosophisches Gespräch,
> wenn doch jede vorläufige Antwort weitere
> Fragen hervorruft?

Wenn Sie meine bisherige »Reiseleitung« durchschaut haben, dann werden Sie schon wissen, was jetzt kommen muß: Am Beispiel des im Buch entwickelten Gedankenfadens samt methodischem Vorgehen möchte ich Ihnen verständlich machen, wie ich auch ein einzelnes philosophisches Gespräch mit einer (Kinder-)Gruppe abzuschließen pflege:

mit einer Art »Ernte« in Form einer Zusammenfassung dessen, was bisher herausgekommen ist.

In einem »jungen« philosophischen Gesprächskreis lei-
ste ich diese Arbeit noch selber, in einer geübteren Gruppe aber versuchen wir gemeinsam auf den Punkt zu bringen, was uns das Gespräch gebracht hat. Und wenn wir
dann feststellen sollten (was höchstwahrscheinlich der
Fall sein wird!), daß wesentliche Fragen noch ungeklärt
sind, sparen wir uns diese für das nächste Gespräch und
eine kommende philosophische Reise auf.

Methodische »Ernte«:
Worauf Eltern und Lehrkräfte achten können,
wenn sie mit Kindern oder Jugendlichen philo-
sophieren wollen

Voraussetzungen:

Damit in Schulen und Familien philosophische Gespräche stattfinden
können, brauchen wir ab und zu etwas ABSTAND VOM ALLTAG. Wir
sollten uns und den Kindern die Zeit und Muße dafür gönnen und als
Erwachsene darauf achten, KINDERGEDANKEN ERNST ZU NEHMEN und
zu fördern. Außerdem setzt das Philosophieren eine Haltung der Neugier, des Wissenwollens und Staunenkönnens voraus, gekoppelt mit
der Bereitschaft, spontane Meinungen über Gott und die Welt, vor allem aber auch über uns selber, kritisch zu reflektieren. Mehr dazu finden Sie in der Einleitung: Philosophieren im Alltag – für den Alltag.

Anlässe:

1. Philosophische Gespräche entzünden sich oft an den unbeschwert
geäußerten KINDERFRAGEN, wenn Erwachsene nicht meinen, immer
gleich mit Antworten zur Stelle sein zu müssen. Schlagen Sie bei Be-

darf nach: Im ersten Kapitel finden Sie Ausführungen und entsprechende Buchempfehlungen dazu, im vierten Kapitel eine Liste mit
Fragen von Kindern zum Thema Tod sowie eine Zusammenfassung der
wichtigsten Punkte für einen förderlichen Umgang mit Kinderfragen
überhaupt.

2. Wir können aber auch selber aktiv werden, indem wir GEEIGNETE
KINDERBÜCHER oder spezielle Texte der Kinderphilosophie-Bewegung
bereithalten, um damit das Interesse der Kinder und Jugendlichen zu
wecken. Für schulische Zwecke (aber nicht nur!) sind sogar ganze
LEHRGÄNGE UND ARBEITSMATERIALIEN erhältlich (siehe Literaturhin-
weise im 1. Kapitel zu Gareth B. Matthews und im 2. zu Helmut
Schreier sowie die Beschreibung von Philip Cams STERBEN ÄPFEL
AUCH? im 4. Kapitel).

Bei den folgenden KinderbuchautorInnen stieß ich immer wieder auf
sehr anregende philosophische Gedanken (in Klammern die Kapitel,
wenn eines ihrer Bücher hier als Gesprächshilfe erwähnt worden ist):
Hans Manz (1), Hilde Heyduck (1), Masahiro Kasuya (2), Susanne
Kilian (3), Monika Feth (3), Leo Lionni (3), Max Velthuijs (4), Peter
Härtling (4), Jürg Schubiger, Astrid Lindgren, Helme Heine, John
Burningham, Hanna Johansen, Eveline Hasler, Michael Ende... und
natürlich Jostein Gaarder (4), dessen Roman über die Geschichte der
Philosophie für Jugendliche, *Sofies Welt*, ihn auf einen Schlag welt-
berühmt gemacht hat...

Königsweg Mäeutik:

Sowohl Text- wie Bilderbücher erlauben einen vielfältigen methodischen Einsatz. Damit Kinder die Geschichten aber nicht bloß konsu-
mieren, wappnen wir uns mit »HEBAMMENFRAGEN« (siehe das Sokra-
tes-Kästchen, S. 21 im 1. Kapitel), die das entdeckende, Erkenntnis
fördernde Philosophieren zum Ziel haben. Dem gleichen Zweck der
»Geburtshilfe« für (unbewußte) Weisheiten dient bei Kinderfragen
das Zurückfragen: »WAS MEINST DU SELBER DENN DAZU?« Schon die
Kleinsten sollen sich den Mut zum Eigenen bewahren, damit sie nicht
dem bequemen Konsum vorgefertigter Antworten verfallen. Wie man
gut fragt oder Kinder wieder dazu anleitet, wurde im 4. Kapitel beschrieben. Außerdem ist das Fragen als grundlegendes Element allen
Philosophierens auf beinahe jeder Seite dieses Buches zu finden.

Andere Formen des »Philosophierens«:

Weil Kindern – wie den ersten Philosophen damals – das mythisch-bildhafte Denken noch sehr nahe liegt, beziehen wir methodisch möglichst oft auch andere als rein sprachliche Mittel mit ein, zum Beispiel zeichnerische oder SZENISCHE DARSTELLUNGEN, PHANTASIE-SPIELE UND MEDITATIVE ÜBUNGEN. Sie wurden erwähnt in der Zusammenstellung der methodischen Hilfsmittel im 3. Kapitel.

Exkurs

*Über das Philosophieren,
das Phantasieren und das Meditieren
als Erkenntnis fördernde Tätigkeiten*

Das rationale, logische Philosophieren begann im Abendland vor etwa zweieinhalbtausend Jahren mit den großen Griechen, von denen einige hier zitiert worden sind (SOKRATES, PLATON, ARISTOTELES, EPIKUR). Davor hatten die Menschen ihre Welterklärungen in Form von Mythen weitergegeben. Bekannte Beispiele dafür sind die griechischen Göttersagen, aber auch die frühen biblischen Texte (siehe zur Schöpfung das 2. Kapitel), oder das Bild des ägyptischen Sonnengottes auf Unterweltsreise (5. Kapitel). Selbst PLATONS »Seelenwagen« (Kästchen, S. 124 im 4. Kapitel) ist noch so ein mythischer Versuch, eine Erkenntnis (daß wir nämlich unterschiedliche »Instanzen« in uns spüren) in metaphorischer Form auszudrücken. Daß solche Bilder die »Wahrheit« nicht »unlogisch« oder »unvernünftig« wiedergeben müssen, sieht man zum Beispiel bei den Aussagen der Kinder über ihre Wut-Gefühle (im 4. Kapitel). Auch später griffen Philosophen vereinzelt zum Hilfs-

167

mittel der (sprachlichen) Bilder (siehe etwa NIETZSCHE-Kästchen, S. 52), traditionell aber ist mit Philosophieren eine logisch-rationale, reflektierende, sich auf die klare Vernunft und objektive Gegebenheiten abstützende Tätigkeit gemeint. Diese soll dem Menschen zu vertiefter Erkenntnis und größerer Einsicht in Zusammenhänge und Prinzipien von allem Sein und Geschehen verhelfen.

> Ein Philosoph/eine Philosophin ist also ein Fachmann/eine Fachfrau für das Denken.

Daß dieses Denken aber in sehr unterschiedlichen Formen vollzogen wird, haben wir unter anderem im 4. Kapitel beim »Gedankensammler« gesehen. So ist für die Philosophie ein ganz wesentliches Element das **schöpferische Nachdenken**, denn ohne Kreativität, ohne Phantasie ist kein/e BerufsdenkerIn je zu etwas wirklich Neuem vorgestoßen. Strenggenommen sollte sich daher eigentlich nur PhilosophIn nennen, wer eigene, originale, neue Gedanken entwickelt. Daneben gibt es die zunehmende Zahl der Philosophie Studierenden oder bereits philosophisch Gebildeten, die sich vielleicht als PhilosophielehrerIn oder -professorIn betätigen. Sie geben weiter, was andere vor ihnen gedacht haben. Dies ist zwar notwendig und begrüßenswert, aber das Darbieten oder Reproduzieren allein macht sie noch nicht zu praktizierenden **PhilosophInnen**.

Kreatives Denken gehört also mit zum »Handwerkszeug«, und hier sind uns die Kinder oft die besten LehrmeisterInnen. Weil ihre Originalität aber nicht selten überschäumt, versuchen wir in der Kinderphilosophie – nebst der Förderung des logisch-rationalen Denkens – diese ungezähmte Phantasie zu »pflegen«. Sie soll dadurch keineswegs abnehmen, noch soll sie in ein Korsett gezwängt, sondern eben behutsam kultiviert (colere = pflegen) werden, damit sie auf ihre Weise dem Erkenntnisgewinn dienen kann (so geschehen zum Beispiel bei den Spielvorschlägen beim »Gedankensammler« im 3. Kapitel oder beim Fragen-Suchen im 4. Kapitel). Auch geleitete Phantasiereisen oder Tagträume gehören zu dieser »Kultivierung der Phantasie«. Praktische Beispiele mit Anleitungen dafür finden Sie in meinen **Kleinen Philosophen** oder in den im Literaturanhang zum 5. Kapitel vorgestellten Büchern über meditative Techniken.

> Kann man aber das Phantasieren mit dem Philosophieren einfach gleichsetzen?

Nein, natürlich nicht. Aber wenn wir die Vorstellungskraft trainieren, legen wir eine wichtige Basis für alle nachfolgenden Denktätigkeiten. Was uns die Phantasie an Ideen und Intuitionen schenkt, kann sich in der philosophischen Reflexion als äußerst wertvolles Material erweisen. Die Phantasie hilft, die beinahe unbegrenzten Möglichkeiten breit und vorerst unzensuriert aufzufächern; das vernünftige Denken vergleicht und überprüft die ganze Palette, um daraus die wahrscheinlichsten und glaubwürdigsten Gedanken herauszudestillieren, nämlich jene, die durch gute Argumente gestützt werden und logisch schlüssig daherkommen.

Und was soll **Meditation** zum Erkenntnisprozeß beitragen können?

Im Zusammenhang mit Kinderphilosophie ziehe
ich es vor, von »meditativen Techniken«
zu sprechen, denn eigentliche Meditation ist eine
viel umfassendere, tiefer greifende Disziplin,
als was wir mit Kindern in der Schule oder zu Hause
spielerisch praktizieren können.

Von einfachen Entspannungsübungen bis zu richtigem autogenem Training, von Mandala-Malen über andere Konzentrationshilfen bis zu den Phantasiereisen gibt es eine ganze Bandbreite von sinnvollen Angeboten für die heute bereits häufig streßgeplagten Kinder und Jugendlichen. Wer sich damit eingehend vertraut gemacht hat, wird durch regelmäßige Anwendung auch gute Ergebnisse erzielen, was das psychische Wohlbefinden und die geistige Leistungsfähigkeit betrifft. Sogar körperliche Probleme wie Verspannungen oder Schmerzen können wirksam damit angegangen werden.

Aus diesen Gründen halte ich es für durchaus wünschenswert, meditative Techniken in den Alltag einzubeziehen. Sie können dem Philosophieren nur nützlich sein, denn im Wohlbefinden läßt sich bestimmt eher die nötige Lust und Muße zum Nachdenken finden. Außerdem steigen in der Entspannung nicht selten Bilder oder Ahnungen auf, denen in der anschließenden Reflexion Erkenntnisse und Einsichten (wörtlich verstanden) abgewonnen werden können.

Eine ganz andere Frage ist die, was eine tiefe, **spirituelle Meditationspraxis**, die in allen Weltreligionen (in unterschiedlichen Formen) vorkommt, zur Erkenntnis des Lebens und der Welt beitragen kann. Wer, wie zum Beispiel die östlichen Mönche und Nonnen oder wie die mittelalterlichen christlichen MystikerInnen HILDEGARD VON BINGEN *und* MEISTER ECKHART *(oder auch* BLAISE PASCAL, *siehe S. 112) jahrzehntelange Übung und strengste Disziplin im Meditieren hat, mag sehr wohl – wenn auch auf ganz andere Weise als die PhilosophInnen – zu grundsätzlicher Erkenntnis vordringen. Vielleicht könnte man sagen, sie erlangten eine »Erleuchtung« anstelle von philosophischer »Erhellung«, oder sie erfahren eine mystische Verschmelzung mit dem Göttlichen, anstatt als »Falke, Sturm oder großer Gesang« um den »uralten Turm« zu kreisen…*

Wenn es also um die reine Erkenntnis geht, so würde ich die oben gestellte Frage sicherlich bejahen: Meditation, wenn sie seriös betrieben wird, kann genauso zu tiefen Einsichten führen wie das ernsthafte philosophische Nachdenken. Nur sollte sie nicht leichtfertig aus einer modischen Laune heraus aufgenommen werden, womöglich noch in der irrigen Meinung, es ließe sich damit quasi im Eilzugstempo die Lösung aller Probleme finden. Jede ernsthafte Meditation erfordert viel Zeit und Übung. Damit ein schnelles Ziel anzustreben, widerspräche ihrem Sinn.

Die meisten Meditationsarten haben außerdem den Charakter von Weltabgewandtheit und In-sich-gekehrt-Sein. Dies hat man im übrigen auch den Philosophen immer wieder mit dem Bild des »Elfenbeinturms« vorgeworfen. Da die Kinderphilosophie sich aber auf dem Schauplatz des alltäglichen Lebens tummeln will, sind vermutlich sowohl die »hohe« Philosophie als auch die »tiefe« Meditation, wenn sie esoterisch (= nach innen gerichtet) betrieben werden, nicht unbedingt der passendste Erkenntnisweg für Kinder.

171

Zum Ablauf des Philosophierens:

Einen ersten kurzen Überblick dazu gibt Ihnen die Einleitung: Der Weg führt vom Staunen über das Nachdenken und Hinterfragen bis zur Erhellung.

Im ersten Kapitel veranschaulicht Ihnen sodann das Beispiel aus dem Kindergarten die entsprechende Praxis, und im zweiten Kapitel finden Sie eine ausführlichere Zusammenfassung des Verlaufs einer ganzen Reihe von Lektionen zum Thema Anfänge.

DIE EINZELNEN SCHRITTE:
Wenn der ANLASS gegeben ist, brauchen wir zunächst einen geeigneten EINSTIEG in das gewählte Thema. In der Kinder- und Alltagsphilosophie suchen wir daher zu Beginn womöglich immer nach PERSÖNLICHEN BEZUGSPUNKTEN wie eigene Erlebnisse oder »Ersatzerfahrungen« von Kinderbuchfiguren, in die sich Kinder hineindenken können. Das zweite Kapitel bietet erste Ideen zu Einstiegen an. Weitere finden Sie bei jedem neuen praktischen Beispiel. Das Ziel dieses Schrittes ist das SAMMELN VON FAKTEN UND MEINUNGEN zum vorgeschlagenen Thema, etwa durch ein »Brain- und Heartstorming« wie zum Beispiel beim Wort »Stein« im ersten Kapitel.

Für die eigentliche philosophische Erörterung ist nun *eine* ANREGEND FORMULIERTE GRUNDFRAGE das wichtigste: Worüber wollen Sie denn überhaupt mit den Kindern nachdenken?

Damit Sie die Gesprächsleitung wahrnehmen können, ist es außerdem sinnvoll, sich PASSENDE UNTERFRAGEN zu überlegen, die helfen, die Grundfrage zu beleuchten. (Beispiele hierfür ab 3. Kapitel bei jedem neuen Thema.) Ist die Diskussion dann einmal im Gange, wirft die GESPRÄCHSLEITUNG bei Bedarf jeweils eine der Fragen ein, faßt ab und zu ein Zwischenergebnis zusammen, verdeutlicht oder hakt bei allfälligen Ungereimtheiten nach und regt Begründungen und Begriffsklärungen an (siehe 3. Kapitel: Ein philosophisches Gespräch leiten). Sie achtet auch darauf, daß die Teilnehmenden einander gut zuhören.

Ist die vorhandene Zeit abgelaufen, folgt die »ERNTE« SAMT AUSBLICK auf Folgefragen: Was haben wir zur aufgeworfenen Grundfrage herausgefunden? Welche Fragen sind erhellt, welche sind offengeblieben? (Das ganze 5. Kapitel soll diesen Vorgang exemplarisch darstellen.)

Ein kleines Spiel oder eine zeichnerische Aufgabe rundet bei den Jüngeren das Thema ab, für die Größeren können ein passender Spruch, ein anregendes Zitat oder eine ABSCHLUSSRUNDE (Gesprächsbewertung, siehe S. 60) den gleichen Sinn erfüllen.

Grundelemente einer philosophischen Diskussion:

Sie wurden ausführlich im ersten Kapitel dargestellt als »philosophische Techniken«. Das HINTERFRAGEN, das BEGRÜNDEN und die BEGRIFFSKLÄRUNG (Was ist eigentlich ein Stein? im 1. Kapitel – Bedeutung der »Zwei« im 2. Kapitel) gehören dazu.

Im vierten Kapitel werden dieselben Elemente nochmals erwähnt, jetzt im Zusammenhang mit »guten Fragen«.

Es wird durch diese Techniken das REFLEKTIEREN UND DIFFERENZIEREN von anfänglich spontan geäußerten Meinungen angeregt. KRITISCHES (DAS HEISST: UNTERSCHEIDENDES) DENKEN wird geübt, denn Kinder sollen mehr Schattierungen sehen lernen als nur gerade schwarz und weiß, richtig oder falsch!

Sorgfältig UNTERSCHEIDEN WIR AUCH DEN BESCHREIBENDEN VOM BEWERTENDEN VORGANG (siehe im 2. Kapitel den Abschnitt über die Meinungsbildung oder im 3. Kapitel zu den Gefühlen).

Das STRUKTURIEREN der Hauptproblematik in Unterthemen (Beispiele: die vier Fragen zu den Gefühlen im 3. Kapitel oder die unterschiedlichen Kinderfragen über den Tod im 4. Kapitel), Erkennen von Nebensträngen der Diskussionslinie, Ausblenden von nicht relevanten Fragen, auch HYPOTHESEN aufstellen und überprüfen: All dies dient dem Zweck, allmählich eine Art von »ORDNUNG IM KOPF« zu erlangen (so wie es der »Überblick über die philosophische Reise« im 5. Kapitel versucht).

Vielleicht gelingt damit – und dank dem disziplinierten, vertiefenden und ergründenden WEITERENTWICKELN DES GEDANKENFADENS – schließlich die erwünschte Klarheit oder »ERHELLUNG« der vorgenommenen Grundfrage.

173

Philosophische »Ernte«:
Welche Erkenntnisse über das menschliche Dasein und dessen Sinn konnten gewonnen werden?

(Inhaltliche Zusammenfassung)

Begonnen hat unsere gemeinsame Reise beim Spiel mit den abgeschliffenen, glatten Steinen. Sie lösten eine Menge Überlegungen aus, die sich »Stein an Stein an Stein an Stein…« zu einem *philosophischen Gedankengang durch das menschliche Leben* aneinanderreihten. »Schließlich sind wir Menschen ja auch ein bißchen wie die Steine« (meinte die Sechsjährige im 1. Kapitel).

Als Kinder ist uns die Welt samt allem, was sich darin erfahren läßt, noch völliges Neuland. Wir nehmen die Vielfalt staunend und neugierig wahr, und wir versuchen, eine Ordnung und Sinn darin zu erkennen. Solange wir klein sind, stehen uns (hoffentlich) verläßliche »ReisebegleiterInnen« zur Seite, doch mit dem Heranwachsen gilt es, zunehmend eigene Wege zu gehen. Wenn wir uns nicht auch noch als Erwachsene von irgendwelchen (wahren oder vermeintlichen) Autoritäten führen lassen wollen, müssen wir lernen, uns selbständig zu orientieren. Dafür hat uns die Natur mit den Anlagen von Vernunft und Gefühl beschenkt, die wir, wie den Körper, reifen und wachsen lassen können. Aber:

> Es ist auch möglich und sinnvoll, daß Erwachsene den Kindern eine Umgebung bereiten, die ihre Gedanken- und Gefühlswelt nicht nur wichtig nimmt, sondern sie bewußt und behutsam fördert. Dies ist das pädagogische Ziel der Kinderphilosophie.

Wenn Kinder mit zwei bis drei Jahren anfangen, sich nicht mehr mit dem eigenen Namen, sondern mit »ich« zu Wort zu melden, ist das Selbstbewußtsein erwacht. Sie »wissen« jetzt, wer sie sind, nämlich »ich«, und manche staunen nicht schlecht oder ärgern sich gar, wenn andere behaupten, auch »ich« zu sein. Und schon – für mich immer wieder erstaunlich! – fangen sie auch an, sich – nein, uns Erwachsene – nach ihrer Herkunft zu fragen: »Wo kommen die Babys her?« »Wo war ich, bevor ich auf der Welt war?« »Warum bin ich nicht auf diesem Familienfoto?«

Woher kommen wir? Das ist denn auch eine der ersten philosophischen Fragen der *Menschheit*. Also nicht nur »Woher komme *ich?*«, sondern ebenso: »Woher kam der erste Mensch, und woher kommt überhaupt *alles?*«

Diesen Fragen entlang reisten wir (im 2. Kapitel) in der Zeit zurück bis zu den ältesten »Steinen«, den im Weltall herumkreisenden Himmelskörpern, und zur Entstehung unserer Erde. Wir zogen für die Erörterung sowohl die wissenschaftlichen Erkenntnisse als auch die mythischen Vorstellungen in Erwägung. Die vierjährige Laura wußte es allerdings längst vor uns, wie das damals abgelaufen ist: »Zuerst gab es die Berge, dann das Wasser, dann das Gras, dann die Tiere, dann Vater und Mutter, meinen Bruder Reto, meine Schwester Sonja und dann mich.«

Weil Menschen aber nicht nur wissen wollen, *wie* etwas (geschehen) ist, sondern auch, *wozu* es gut sein soll, beschäftigte uns auch die Frage nach der Bewertung oder dem Sinn, den die Schöpfung haben müßte. »Warum ist überhaupt etwas und nicht nichts?« lautet die entsprechende fachphilosophische Frage. Wenn es uns dabei gelungen ist, zu erkennen, welch großartiges Geschenk wir zum »Bebauen und Bewahren« (siehe den 2. Genesistext der Bibel) anvertraut bekommen haben, so hat sich diese Wertediskussion sicher gelohnt.

Ein anderes Gespräch (mit den SechstklässlerInnen im 2. Kapitel) hat uns die Bedeutung von wiederkehrenden Anfängen im Laufe des Lebens erahnen lassen und dabei auch HANS SANER mit seiner Aussage von der »Anfänglichkeit des Menschen« bestätigt.

Wer sind wir? fragten wir dann im dritten Kapitel zur Vertiefung weiter. Wie war das denn genau mit der Entstehung des *Menschen*, und was läßt sich daraus ableiten über unser *Wesen*?

Aufgefallen war mir die »Zweiteilung«, wie sie als Zellteilung bei jedem sich bildenden Lebewesen vorkommt. Nur schien sie mir beim Menschen nicht mit der körperlichen Entwicklung abgeschlossen zu sein, denn bei uns kommen außer zwei Armen, zwei Beinen, zwei Augen … auch »zwei Seelen in der Brust«, Zwei-fel und Ver-zwei-flung vor. Außerdem sind wir Menschen, soweit wir wissen, auch die einzigen Wesen, die sich mit Religion, Kunst und Philosophie beschäftigen. Dies aber setzt alles eine »Verdoppelung von Welt« voraus, sei es in Form eines unsichtbaren Jenseits »hinter dem Spiegel«, sei es durch die Abbildung von Gegenständen und Lebewesen in der darstellenden Kunst, sei es als metaphysische (meta = hinter) Vorstellung von Philosophen, wie zum Beispiel bei Platon das »Reich der Ideen«, das unser »Seelenwagenlenker« vorgeburtlich geschaut hat.

Neben dieser »Zweiteilung« stellten viele Denker (u. a. FEUERBACH, PESTALOZZI, KANT) noch eine »Dreiteilung« fest, nämlich die menschlichen Bereiche des

Kopfes (Wissen, Denken, Erkenntnis...), des Herzens (Fühlen, Ahnen, Religion) und der Hand (Tun, Wollen, Ethik). Diese Aspekte versuchte ich an praktischen Beispielen philosophisch zu beleuchten, um sie – und damit *uns Menschen* – besser zu verstehen.

Ein weiterer Aspekt begann erst durch die Existenzphilosophie im 19. Jahrhundert ins Blickfeld zu rücken: Hatten die früheren Anthropologen stets nach dem *Wesen* (Was ist der Mensch?) gesucht, so stellte man sich jetzt die Frage nach dem *Werden*. Was bedeutet es für die menschliche Existenz, in einen Prozeß eingebunden zu sein, der viele Freiheiten zuläßt, vermutlich aber keine willkürliche Richtung nehmen sollte, da wir doch ein Gefühl von Verantwortung und Sinn erfahren? Doch stellt der uns allen gewisse Tod nicht jeglichen Sinn radikal in Frage? Kann ein Leben, das mit dem Tod zu Ende geht, überhaupt noch wert sein, gelebt zu werden?

Wohin gehen wir? war die Leitfrage für das nächste Wegstück (im 4. Kapitel).

Epikur behauptet zwar, der Tod gehe uns nichts an, dennoch mußte er darüber philosophiert haben, wie wäre er sonst zu diesem Schluß gekommen? Ich schlug vor, ängstliche Gefühle angesichts des Themas oder allfällige Bedenken, mit Kindern darüber zu reden, sanft beiseite zu schieben, um sich auf die *philosophischen* Gedanken zum Tod einzulassen (wenn nicht gerade ein aktueller Trauerfall dies als wenig ratsam erscheinen läßt).

Ich analysierte die Fragen, die Kinder dazu stellen, weil sie uns ganz unvoreingenommen demonstrieren, was Menschen am Thema fasziniert: Was ist der Tod überhaupt? *Wann* kommt er? Wieso muß man sterben? Später dann auch die Frage nach dem, was danach folgt, denn mit der Ungewißheit zu leben fällt nicht nur Kindern schwer! Weil dies so ist, suchen und suchten Menschen aller Zeiten und Völker nach Erklärungen des Unerklärlichen, was sich in den Mythen ihren Religionen niederschlug. Vor lauter Angst, die Ungewißheit nicht aushalten zu können, versteigen sich einige Menschen aber auch heute noch in höchst fragwürdige illusionäre Gedankengebäude, wo sie durch ihre Hilflosigkeit nicht selten als Spielball machthungriger »Führer« enden.

Eine Alternative zum blinden Glauben wäre natürlich das Philosophieren, vorausgesetzt, daß man die richtigen Fragen stellen kann und weiß, wie man einen Gedanken mit Vernunft und Logik (und nicht ohne Herz!) weiterspinnt und entwickelt.

Wie Kinder zwischen elf und vierzehn Jahren dies taten, zeigten die beiden Gespräche (im 4. Kapitel) über GAARDERS Buch *Durch einen Spiegel, in einem dunklen Wort*.

Im fünften Kapitel schließlich versuchen wir einen Überblick zu bekommen über den ganzen Weg alles Lebendigen, vom Werden zum Vergehen und vielleicht erneuten Werden.

Wozu?

Mit der »Ernte« sind wir nun eigentlich am Schluß der philosophischen Reise angelangt. Offengeblieben ist aber noch die vielleicht größte aller Fragen:

Wozu leben wir eigentlich, wenn doch letztlich alles zu Ende geht?

Was ist, wenn ein Buch zu Ende gelesen ist?
Was folgt, wenn man das Ziel einer langen Reise
erreicht hat? Und wenn diese Reise der
Lebensweg gewesen ist?

Wo bleibt der Sinn, wenn der Tod das Ziel der Lebensreise ist? Oder auch wenn er den Anfang eines nächsten, anderen Lebens bedeutete?

»Alles fließt«, schrieb einst der Grieche HERAKLIT (550–480 v. Chr.), und nie würde man zweimal in denselben Fluß steigen können. Wie meinte er das wohl?

Wenn wir nochmals zum Bachbett vom Anfang des Buches zurückkehren wollten, um dort zu baden, dann fänden wir zwar den Fluß an etwa derselben Stelle, aber sein Wasser wäre längst nicht mehr dasselbe wie damals! Außerdem hätten auch wir bestimmt einige Veränderungen durchgemacht, und sogar die doch viel beständigeren Steine wären vielleicht noch ein bißchen glatter geschliffen oder zumindest von ihrem Platz verschoben worden. Auch die Landschaft, das Wetter, die Wassertemperatur würden kaum identisch sein. Ja, vermutlich wäre wirklich nichts genau so wie damals, eben weil »alles fließt«.

Und wenn Sie nun anfingen, das Buch nochmals
von vorne zu lesen? Wenn wir dieselbe Reise
nochmals anträten? Oder wenn wir tatsächlich ein
weiteres Erdenleben vor uns hätten?

Wenn HERAKLIT recht hat und es stimmt, daß beim zweiten Durchgang nichts mehr genau gleich ist, dann dürften wir wohl davon ausgehen, daß wir seit dem ersten Mal ein paar Schritte *vorangekommen* sind und daß der Weg folglich eine *Richtung* – oder eben einen *Sinn* – gehabt haben muß. Das zweite Mal ist nicht eine bloße Wiederholung. Es handelt sich also nicht um ein sinnloses Kreisen an Ort! Liegt der Sinn demnach etwa in der Veränderung?

In den vorangegangenen Kapiteln haben wir einiges über die Gestalt des Weges erarbeitet. Wir fanden lineare Modelle (eine Gerade von Geburt bis Tod) und zyklische (das Leben: ein Kreis), solche, die einen endgültigen Schluß kennen, und andere, die sich in »wachsenden Ringen« stetig wiederholen oder ausbreiten...

Mir persönlich hat immer das uralte Bild des *Labyrinths* besonders gut gefallen, weil ich darin viele Lebenserfahrungen und scheinbare Gegensätze vereinigt sehe, zum Beispiel das Ende, das doch keines ist, oder die Wiederholungen, die immer wieder anders ablaufen:

Dieses Zeichen bedeutet für die Hopi-Indianer »Ort, wo wir herkommen und hingehen«, und zugleich steht es auch für »Frau« oder »Erde«.

Dieses christliche Labyrinth schreiten die Gläubigen in der Kathedrale von Chartres ab.

So muß man sich die Urform des kretischen Labyrinths vorstellen.

Im Labyrinth ist immer nur ein Stück des Weges über-schaubar. Ich sehe vielleicht bis zur nächstliegenden Bie-gung und denke, dort sei mein Ziel. Wenn ich aber an-komme, stellt es sich heraus, daß der Weg weiter geht. Ich muß lediglich eine Wende vollziehen und in die ent-gegengesetzte Richtung schreiten. Wie oft habe ich diese Situation im Laufe des Lebens schon erfahren! Und mei-stens konnte ich dann kaum begreifen, daß mich die Ge-genrichtung, obwohl sie nach einem sinnlosen Umweg aussah, schließlich doch dem großen Ziel näherbrachte, denn im Labyrinth gibt es keine Sackgassen! Im Gegen-satz zum Irrgarten führt der hin und her pendelnde Weg irgendwann zwingend zur Mitte. Es scheint nur manch-mal so, als ginge man in die verkehrte Richtung. Solange man aber nicht stehenbleibt und dabei vergißt, wo man hergekommen ist, bleibt die Richtung immer eindeutig und klar. Das Bild des Labyrinths bedeutet demnach auch, daß leben heißt, immer in Bewegung zu sein. So wie wir beim Gehen abwechselnd den einen und den an-dern Fuß voransetzen, pendeln wir auch beim Gang durchs Leben (oder die vielen Leben und Tode) zwischen links und rechts oder allen möglichen weiteren Gegen-polen hin und her. Und obwohl es im Labyrinth nie einen ganz direkten, geraden Weg gibt, hat das Leben doch eine Richtung, oder eben: einen Sinn. Ob es allerdings die

181

Mitte ist, die wir anstreben und suchen sollen, oder ob das Ziel nicht vielmehr darin besteht, wieder heil aus dem Labyrinth herauszufinden, bleibt eine offene Frage. Vielleicht liegt auch hier der Sinn wieder im Wechsel, denn stünden wir am einen oder am anderen »Ende« still, so wäre alles für uns zu Ende, oder etwa nicht?

Es bleibt dabei: Die Frage »Wozu?« stellt sich uns immer wieder, und jede/r muß sie für sich selbst beantworten. Nur für kürzere Wegstrecken lassen sich (leicht) Teilantworten finden. Viel schwieriger präsentiert sich die Frage, wenn es ums ganze Leben oder gar um eine ganze Kette von Leben (und Toden) geht.

Sinnantworten lassen sich zwar entdecken, wenn man sich an die großen Religionen wendet, sei es, daß man sich auf den einen Gott von Bibel oder Koran als Sinngaranten verläßt, sei es, daß man die karmischen Gesetzmäßigkeiten versteht und sein Leben danach richtet. *Beweisen* allerdings läßt sich dieser Sinn nicht, so wenig wie Gott ein Gegenstand des Beweisens werden kann.

Durch das Philosophieren gewinnt man zwar auch keine Beweise, aber je mehr wir uns der vielen Wege, die uns als Menschen offenstehen, bewußt sind, desto eher können wir uns philosophierend vergewissern, *welchen wir gehen wollen, weil er zu uns paßt und für uns der richtige ist.* Wir hören dann vielleicht auf, nach einem irgendwo außer uns liegenden Sinn zu suchen, sondern wir *setzen* ihn selber, indem wir versuchen, unserem ureigensten Wesen entsprechend zu leben und immer mehr zu werden, wer oder was wir sind.

> Vielleicht ist es dies, was uns die damalige Inschrift am Tempeltor von Delphi noch heute zu sagen hat: Du, Mensch, erkenne dich selbst! Finde heraus, was für ein Wesen du bist und wie du als dieses besondere Wesen ins große Weltgefüge hinein gehörst.

Ich habe am Anfang der philosophischen Reise kleine Kinder über ihr Menschsein zu Wort kommen lassen. Schließen möchte ich mit den Gedanken von zwei Menschen, die den Lebensbogen schon beinahe abgerundet haben. Von ihrer Weisheit fühle ich mich wertvoll beschenkt:

Meine bald neunzigjährige Mutter habe ich einst nach ihrem Lebenssinn befragt.

»Ach, weißt du«, hat sie mir geantwortet, »manchmal

kommt mir mein Leben vor wie ein Pullover, an dem ich mit jedem Tag weiterstricke. Am Anfang wußte ich noch gar nicht, was daraus werden sollte, aber je länger ich daran arbeite, desto klarer wird mir beim Zurückschauen sein Muster. Heute verstehe ich von so mancher Masche, die mir damals seltsam vorgekommen ist, wie sie ins Ganze hineinpaßt. Es sind die ausgefallensten Farbtupfer, die dem Stück seine besondere Schönheit und Einzigartigkeit verleihen, und kein Faden dürfte fehlen. Ich hoffe natürlich, daß der Pullover irgendwann noch fertig wird…«

Und in Florida, ziemlich genau auf halbem Weg zwischen der grellbunten, lärmig-fröhlichen Welt von Disneyland und dem kriminellen Großstadtsumpf von Miami, entdeckten wir auf dem höchsten Hügel dieser amerikanischen Halbinsel eine Oase der Stille und Besinnlichkeit, geschaffen von einem holländischen Immigranten namens EDWARD W. BOK: einen wundervollen, scheinbar naturbelassenen, aber dennoch liebevoll angelegten und gepflegten botanischen Garten mit eindrücklichem Baumbestand auf grünen Wiesen, auf denen sich Eichhörnchen tummeln. Unzählige Vögel und bunte Schmetterlinge haben sich hier angesiedelt, und an einem kleinen Teich steht ein hoher Turm aus Marmor, dessen Glockenspiel täglich durch die mächtigen Baumwipfel klingt. Auf einer kleinen Tafel steht der Lebenswunsch des Erbauers zu lesen:

»SIEH ZU, DASS DIE WELT EIN KLEIN WENIG BESSER ODER SCHÖNER IST, WEIL DU IN IHR GELEBT HAST.«

Weiterführende Literatur

Gut Verständliches zur Philosophiegeschichte

JOSTEIN GAARDER: *Sofies Welt – Roman über die Geschichte der Philosophie*, Hanser 1991.
Verpackt in eine spannende Handlung um die 14jährige Sofie und ihre geheimnisvolle Parallelfigur Hilde zeigt Gaarder, wo die Wurzeln unserer Kultur zu suchen sind. Die Zusammenhänge zwischen Wissenschaft, Religion und Philosophie werden sichtbar und in ihrer Entwicklung von damals bis heute gut nachvollziehbar. Fast zwangsläufig beginnt man bei der Lektüre selber zu philosophieren.

HANS-LUDWIG FREESE (Hrsg.): *Gedankenreisen – Philosophische Texte für Jugendliche und Neugierige*, Rowohlt 1990.
»Wer beginnt, sich mit Philosophie zu beschäftigen, fühlt sich nicht selten schon durch die sperrige sprachliche Gestalt fachphilosophischer Texte zurückgestoßen. Dieses Lesebuch will hier Abhilfe schaffen, einen unkonventionellen Zugang zur Philosophie bahnen… Sinngeschichten, Fabeln, Dialoge und andere Schätze aus Philosophie und Literatur sollen Jugendliche und andere Neugierige anregen, selbst über Gut und Böse, über Geist, Glück und Traum, über Wahrheit, Sprache und Zeit nachzudenken.«

PETER KUNZMANN u. a. (Hrsg.): *dtv-Atlas zur Philosophie – Tafeln und Texte*, dtv 1991.
Ein mit Grafiken und Bildern veranschaulichter Überblick über Philosophen, Problemstellungen, Methoden, Begrifflichkeit…
»Ziel ist es, das Verständnis zu fördern und eigenes Fragen anzuregen.«

Zum Überblick über die großen Religionen

MONIKA und UDO TWORUSCHKA: *Die Weltreligionen Kindern erklärt – Wie andere leben – was andere glauben*, Gütersloher Verlagshaus 1996.
Zum Selberlesen ab etwa neun Jahren geeignet.

Lesehefte Ethik – Werte und Normen – Philosophie: Reihe Weltreligionen, Klett Schulbuchverlag 1995.
Je ein Heft zu Judentum, Christentum, Islam, Hinduismus und Buddhismus (für Jugendliche).

JANWILLEM VAN DE WETERING: *Die kleine Eule und der Weg ins Leben*, Hanser 1994.
Acht Tiergeschichten zum Vorlesen für Kinder; jede veranschaulicht (nur für Erwachsene verstehbar) einen der Grundsätze von Buddhas achtfachem Pfad. »Wissen, worauf es im Leben ankommt, und klug darüber reden ist eine Sache, das Richtige auch tun ist eine ganz andere...«

Zu den meditativen Techniken

REINHARD BRUNNER: *Hörst du die Stille? – Meditative Übungen mit Kindern*, Kösel 1991.
»Die meditativen Übungen in diesem Buch sind für Kinder und Jugendliche im Alter von 5 bis 16 Jahren gedacht. Sie wurden so ausgewählt und aufgebaut, daß es immer einen Wechsel von Bewegung und Ruhe, von Anspannung und Entspannung und von aktivem Gestalten und Hingabe gibt.«

ELSE MÜLLER: *Inseln der Ruhe – Ein neuer Weg zum autogenen Training für Kinder und Erwachsene*, Kösel 1994.
»Autogenes Training durch gelenkte Imagination ermöglicht Kindern und Erwachsenen, dieses bewährte Entspannungsverfahren leicht und lustvoll zu lernen.«

RICHARD DE MILLE: *Setz Mutter auf den Tiger – Phantasieexperimente für Kinder*, iskopress 1994.
»Die Teilnehmer (zwischen 6 und 14 Jahren und darüber hinaus) werden angeregt, ihre Imagination ganz differenziert zu steuern und immer wieder zu verändern ... Auf diese Weise bemerken sie, daß ihnen in ihrer Phantasie nichts unmöglich ist.«

MAUREEN MURDOCK: *Dann trägt mich meine Wolke... – Wie Große und Kleine spielend leicht lernen*, Bauer 1989.
»Unser traditionelles Erziehungssystem fördert vorrangig die Kinder, die logisch analytisch denken und sich klar ausdrücken können ... Eltern und Lehrer, die mit diesem System unzufrieden sind, werden sich von diesem Buch ebenso angesprochen fühlen wie alle, die den Reichtum der ihnen innewohnenden Kreativität und Weisheit entdecken wollen.« Praktische Anleitungen zu kurzen oder längeren Phantasiereisen.

VERENA KAST: *Imagination als Raum der Freiheit – Dialog zwischen Ich und Unbewußtem*, Walter Verlag 1991.
»Der Imagination verdanken wir unsere schöpferischen Gestaltungen. Sie kann aber auch uns selbst heilend umgestalten, wenn es zu einem Dialog zwischen Ich und Unbewußtem kommt. Wie diese Aktive Imagination (nach C. G. JUNG) vollzogen werden kann und wie man damit umgeht, zeigt die erfahrene Autorin sehr konkret und eindrucksvoll.«

MICHAEL E. FRICKEL: *Symphonie des Daseins – Meditation – themenzentriert*, Grünewald 1994.
»Die Texte wollen dem Meditierenden das Geheimnis des Daseins nahebringen, das sich in der ihn umgebenden Natur und in ihm selbst verbirgt. Solches innezuwerden, bedarf es freilich meditativer Offenheit und Ehrfurcht allem gegenüber, was da ist und wie es ist.«
Der Autor war lange Zeit Benediktiner und studierte intensiv die Lehren Buddhas.

NACHWORT

Weiter philosophieren?

Natürlich hoffe ich, daß Sie durch das Lesen dieses Buches so richtig auf den Geschmack gekommen sind und daß Sie jetzt den Gedankenfaden gerne selber weiterspinnen würden...

Wahrscheinlich haben Sie auch bemerkt, daß vieles, was sich auf dem Papier ganz locker liest, beim Ausprobieren zu Hause oder in der Schule doch noch etliche Hürden zu nehmen hat. Es fehlt vielleicht an der eigenen Übung im Umgang mit philosophischen Fragen, oder die angesprochenen Kinder reagieren nicht immer gleich so, wie meine Beispiele aus der Praxis es vermuten lassen könnten.

Für solche Fälle gibt es die Gelegenheit, das Philosophieren in einer kleinen Gruppe von Gleichgesinnten zu üben: Jährlich finden mehrere Wochenendseminare dazu in der Dokumentationsstelle »Käuzli« statt, außerdem bieten die meisten Deutschschweizer Kantone abwechselnd meine Kurse in der LehrerInnenfortbildung an. Auch viele Elternschulen oder -vereine organisieren Schnupperveranstaltungen und längere Übungsgruppen zur Kinderphilosophie.

Alle diese Angebote finden Sie im Jahresprogramm des Käuzli, anzufordern über Telefon 0 52 – 3 36 22 33. Rufen Sie auch an, wenn Sie selbst gerne einen Kurs organisieren möchten. Ich freue mich auf gemeinsame philosophische Ausflüge oder Reisen mit Ihnen!

s'Käuzli
Schweizerische Dokumentationsstelle für Kinder- und Alltagsphilosophie

Leitung: lic. phil. Eva Zoller Morf
Kirchrain 295 CH-8479 Altikon ZH
Tel. 0 52 / 3 36 22 33 – Fax 33 62 29
E-Mail: kaeuzli@bluewin.ch

Was Ihnen s'Käuzli alles zu bieten hat:

*Eine ansehnliche Sammlung von
kinderphilosophischer Fachliteratur*

- philosophische, pädagogische und psychologische Sachbücher und Fachartikel
- philosophische Lehrmittel und Kinderbücher zu speziellen Themen
- Praxisberichte aus verschiedenen Schulstufen

*Gegen ein frankiertes Antwortcouvert
erhalten Sie Literaturlisten*

- für spezielle »Kiphi«-Bücher und -Lehrmittel sowie Kinderbücher nach Themen

*Wir besorgen Ihnen jedes lieferbare Buch
und senden es Ihnen zu*

- wenn Sie uns Autor, Titel und womöglich den Verlag oder die isbn angeben
  (Die wichtigste Kinderphilosophie-Literatur ist stets an Lager.)

189

Sie dürfen s'Käuzli auf Voranmeldung
hin gerne besuchen

- Kopiermöglichkeit, aber keine Ausleihe der Materialien
- die Mediothek umfaßt auch einzelne Videoaufnahmen und Tonkassetten
- bis zu vier Personen sind uns zeitweise als Feriengäste willkommen (Preise nach Absprache und Beanspruchung der Leiterin)
- persönliche Lebensberatung auf philosophisch-humanistischer Basis (tzi)

Informationsveranstaltungen und Kursangebote
hier und anderswo

- für alle, die üben wollen, mit großen oder kleinen Menschen bedeutungsvolle, hilfreiche Gespräche zu führen...
Rufen Sie uns an!

Kontaktadressen zur Kinderphilosophie
in Deutschland und Österreich

Im Spielforum Oberachern
finden Kurse zum Philosophieren für Kinder und Erwachsene statt, unter Einbezug von Kinderbüchern und Naturmaterialien, von Kunst und Gestaltung:
Dr. phil. Mechthild Ralla, Oberkirchstraße 20,
D-77855 Achern, Tel. 07841/9692

Der Verlag für Kinder und Eltern
publiziert Kinderbücher mit philosophischen Anleitungen:
Dr. Barbara Brüning, Langenjähren 20 a,
D-22339 Hamburg, Tel. 040/538 72 71

Hans Joachim Müller
Blumenstraße 59, D-26121 Oldenburg
hat bereits mehrjährige Erfahrung mit
Kinderphilosophie in der Grundschule.

Prof. Hans-Ludwig Freese
führt philosophische Kindergruppen und schreibt Texte zur Kinder- und Alltagsphilosophie, und seine Partnerin *Erika Freese* publiziert philosophische Schriften, unter anderen die des amerikanischen Kinderphilosophen GARETH B. MATTHEWS. Anschrift von Verlag und Buchhandlung:
Potsdamer Straße 16, D-12205 Berlin (Lfe)

Die pädagogischen Institute der Universitäten von Hamburg, Köln, München, Rostock, Kiel…
befassen sich mit Kinderphilosophie, organisieren auch Seminare. Wenden Sie sich zum Beispiel an:
Prof. Helmut Schreier oder
Prof. Ekkehard Martens
Pädagogisches Institut der Universität Hamburg,
Von Melle Park 8,
D-20146 Hamburg

Dr. Ewald Kurowski oder
Dr. I. Hüttl
Erziehungswissenschaftliche Fakultät der
Universität zu Köln, Gronewaldstraße 2,
D-50931 Köln

*Die Österreichische Gesellschaft
für Kinderphilosophie*
bietet eine Ausbildung in Kinderphilosophie
(nach MATTHEW LIPMAN) an:
Dr. Daniela Camhy, Schmiedgasse 12,
A-8010 Graz, Tel. 0316/81 15 13

Am pädagogischen Institut der Universität Innsbruck
finden Vorlesungen und Seminare zum Philosophieren
mit Kindern statt. Koordinator:
DDr. Erich Moll, Leopoldstraße 42 a,
A-6020 Innsbruck, Tel. 00 43/512/58 20 67
E-Mail: ErichMoll@uibk.ac.at